Follow

《亲历者》编辑部 编著　　★ 年年修订 ★

深圳
深度游

慢·旅·行·的·倡·导·者

中国铁道出版社有限公司
CHINA RAILWAY PUBLISHING HOUSE CO., LTD.

图书在版编目（CIP）数据

深圳深度游 Follow Me /《亲历者》编辑部编著 . —4 版 . —北京：
中国铁道出版社有限公司 , 2020.6
（亲历者）
ISBN 978-7-113-26609-7

Ⅰ . ①深… Ⅱ . ①亲… Ⅲ . ①旅游指南 – 深圳 Ⅳ . ① K928.965.3

中国版本图书馆 CIP 数据核字（2020）第 016576 号

书　　名：**深圳深度游Follow Me**
作　　者：《亲历者》编辑部

策划编辑：聂浩智
责任编辑：王　宏
版式设计：东至亿美
责任印制：赵星辰

出版发行：中国铁道出版社有限公司（100054，北京市西城区右安门西街8号）
网　　址：http://www.tdpress.com
印　　刷：中煤（北京）印务有限公司
版　　次：2014年1月第1版　2020年6月第4版　2020年6月第1次印刷
开　　本：660 mm×980 mm 1/16　印张：14　字数：280 千
书　　号：ISBN 978-7-113-26609-7
定　　价：59.80元

如何使用本书

景区

精选深圳38个热门目的地，囊括深圳旅游精华。

景区概述

用简练的语言，让读者对景区有一个整体认识。

微印象

精选自媒体平台、旅游网站上旅行者对景区做出的价值性点评，让读者对景区有一个初步的认识，确定旅游目的地。

基本信息

包括门票价格、景区开放时间、最佳旅游季节、进入景区的各种交通方式等实用信息。

景区星级

从美丽、浪漫、休闲、人文、特色、刺激6个方面给景区评级。

二维码

扫描二维码获取景区更多、更新资讯。

图片

选取精美图片，提升现场感，提供摄影参考。

子景点

观光点的详细介绍，并配有实用攻略、小贴士、景友点评等丰富的资讯。

景区示意图

标注景区出入口、游览线路、观光点、景区配套设施等信息。

景区攻略

包含住宿、美食、购物、娱乐、景区内部交通、旅游注意事项等，丰富且实用。

行程推荐

提供合理、实用的景区游览方案。

导读

提供深圳的基本背景信息，让读者先认识目的地，再开始旅行。

爱上城市

若干幅精美大图，让读者对目的地建立感性印象。

城市概览

以图文形式，梳理城市的地理、历史、文化等知识，让读者对目的地建立初步认识。

读懂城市

以专题的形式，介绍一些文化主题，让读者对目的地产生更深刻的认识。

深圳，
来玩就要有深度

深圳深度游
Follow Me

游不完的特区美景

深圳的风景是人文与历史交汇出来的，这座城市有滨海风情，也有都市风味。山水在这里相遇，文化在这里碰撞。其中著名的深圳八景是2004年8月评选出来的，所谓"八景"是指：大鹏所城、莲山春早（莲花山）、侨城锦绣（华侨城）、深南溢彩（深南大道）、梧桐烟云（梧桐山）、梅沙踏浪（大梅沙、小梅沙）、一街两制（"中英街"）和羊台叠翠（羊台山）。

读不尽的峥嵘往事

夏商时期，居住在深圳沿海沙丘谷地区域的百姓是百越族的分支南越部族，以捕鱼、航海为生。自秦朝，即为广东地。深圳有1700多年的郡县史、600多年的南头城、大鹏城史和300多年的大规模客家人移民史，深圳于清朝初年建墟，当地的方言客家话俗称"田野间的水沟"为"圳"，深圳正因村落边有一条深水沟而得名。深圳的城市史已有1673年，在这漫长的历史长河里，1979年是最继往开来的一年，这一年宝安县改称"深圳市"。次年8月，全国人大常委会在深圳设置经济特区。由此开始，一个名不见经传的小渔村开始了华丽的转变之路。

深圳别称鹏城，地处珠江三角洲，与繁华的香港特区毗邻，是中国改革开放的先锋阵地和重要窗口，创造了举世瞩目的"深圳速度"，享有"设计之都""钢琴之城""创客之城"等诸多美誉。由一座默默无闻的小渔村华丽换身为如今的摩登都市，深圳的大街小巷都被深深地镌刻上了开放和创新的精神印记。

如果你是一位有志青年，那深圳便是你的事业摇篮；如果你是一位文艺青年，深圳便是你的文艺阁楼；如果你是一位旅行家，那么深圳就是你的沿途风景和美食天堂。也许只是沿着深南大道漫步而行，也许只是在南澳岛上扎营一晚，或许只是在华侨城周边随意闲逛，这座魅力十足的城市都能让你脚下的旅途充满无限的惊喜。

赏不尽的客家风情

据《宝安县志》，1979年深圳建市之前，宝安县客家人占了原住民的六成以上，他们在很多地方留下了一大批客家民居建筑群，粗略统计，在深圳保存下来的还有300多座。客家文化作为深圳本土文化中最重要的部分，从2006年举办第一届"深圳客家文化节"开始，每年都会举办一届。十大客家古村落如甘坑客家小镇、鹤湖新居、观澜版画村、大万世居、茂盛世居、高岭古村、黄麻布古村等，都是客家文化的风情所在。此外，大芬油画村、半天云村等也是相当有知名度。

目录contents

第1章 030-067
华侨城旅游区

第2章 068-119
深圳老城区

示意图目录

速读深圳

爱上深圳

摩天大楼俯瞰特区风光

蓝天下的黄金海岸

小渔村走向世界的华丽转变

车马流水间的静谧时光

深圳概览

深圳每月亮点

深圳地理

深圳历史

感受深圳情调

畅享深圳购物

西冲梧桐山全览2日深度游

东门大小梅沙初体验3日经典游

读懂深圳

特区翘楚：改革开放第一特区

书香城市：因读书而受人尊重

设计之都：灵感激荡的先锋地

创客之城：新兴企业的孵化器

特色博物馆：洗尽铅华的记忆簿

义工家园：守望互助爱传鹏城

摩天大楼
俯瞰特区风光

作为改革开放的先锋阵地，深圳早已由当年名不见经传的小小渔村华丽转变为如今的摩登都市，一座座雨后春笋般出现的摩天高楼就是最明显的标志，当我们置身地王大厦、京基100等高楼之巅，脚下便是深圳湾最美的那片碧海蓝天。

蓝天下的黄金海岸

深圳的滨海风情是看不尽的，一年365天似乎随时都在变化，曲曲折折的海岸线成就了深圳湾大大小小的深水港，更造化出大小梅沙和南澳这样的黄金海岸。水清沙白、椰树蓝天、贝壳海螺、帐篷单车，海的标配这里都有。

小渔村走向世界的华丽转变

随着岁月更替、时代变迁，盐田因改革的春风从原本偏僻、荒凉的小渔村，变成了现代化集装箱大港。盐田，向来就不拘泥条条框框，它将视野转向世界，迸发出越来越多的智慧与活力。

车马流水间的静谧时光

莲花山公园里的晨练老人，青青世界里的草木幽深，光明农场中的草莓番茄，海上田园里的弯曲栈道，深圳湾畔的绮丽风光……这里是寸土寸金的深圳，也是拥有满城绿意盎然的花园城市，无论平日里再疲惫繁忙，找个远离车马的地方安心度假仍旧是头等大事。

深圳
每月亮点

6月（6月28日至7月8日）

游玩推荐：荔枝节

地点：华侨城、青青世界等景区

1月（春节期间）

游玩推荐：世界风情文化节

地点：世界之窗

7月（7月18日至22日）

游玩推荐：深圳动漫节

地点：深圳会展中心

2月（元宵节）

游玩推荐："舞龙之乡"艺术节

地点：龙岗区

8月

游玩推荐：国际啤酒节

地点：世界之窗

3月

游玩推荐：风车节

地点：世界之窗

9月

游玩推荐：深圳大剧院艺术节

地点：深圳大剧院

4月

游玩推荐：踏春度假季

地点：东部华侨城

10月

游玩推荐：爵士音乐节

地点：华侨城创意产业园

5月（4月30日至5月1日）

游玩推荐：深圳黄金海岸旅游节

地点：大梅沙海滨公园

11月（11月16日至21日）

游玩推荐：中国国际高新技术成果交易会

地点：深圳会展中心

12月

游玩推荐：客家文化节

地点：深圳龙华大浪等地

深圳 地理

人口：约 1302 万（2018 年）
面积：约 1996 平方千米
民族：深圳作为移民城市，汇聚了来自五湖四海的少数民族，是全国第二个拥有 56 个民族的城市。

地形

深圳全境地势东南高，西北低，主要以平原和台地为主，北面和东北面多为山地和丘陵，东部和西部主要是滨海平原。境内最高山峰为梧桐山，海拔943.7 米。此外，深圳还有 230 千米长的海岸线，并有优良的海湾港口，通海条件优越。

气候

深圳属亚热带海洋性气候，年平均温度 22.4℃，常年主导风向为东南风。深圳冬天时间很短，且温暖宜人，降水也较少，有"秋春相连"的说法；夏季相对炎热，并且由于山峦的阻隔，受台风影响较少，台风直接袭击深圳市的情况平均每年不到一次。

深圳
历史

夏商时期

　　深圳是百越部族远征海洋的一个驻足地。居住在深圳沿海沙丘谷地区域的百姓是百越族的分支南越部族，以捕鱼、航海为生，很少农耕。

秦汉时期

　　秦汉在深圳已有盐官之设，在南头、西乡、沙井、大鹏以及香港李郑屋村等地，均发现汉代墓葬。从葬礼及出土文物看，当时已融合了先进的中原文化。

两晋时期

　　东晋时期，此地建宝安县又被称为东官城，这是深圳市最早的前身，辖区范围大致包括今天深圳市、东莞市、香港以及珠江口西岸的中山市。

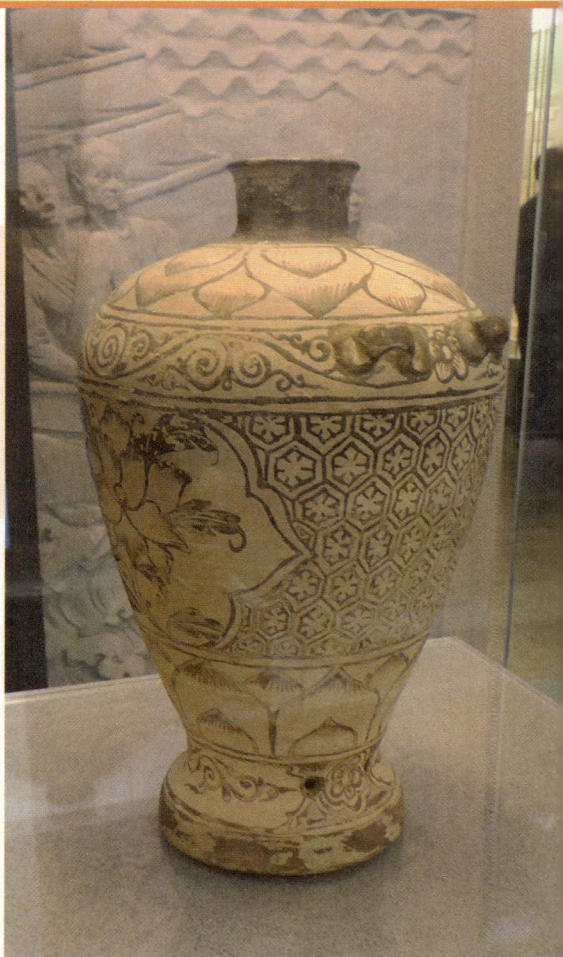

广府式民居——笋岗围（元勋旧址）
Cantonese style residence – Sun Gang Wei
(Yuanxun Old Site)

明清朝时期

　　建于明朝早期，距今有 600 多年历史的元勋旧址，是广府围村建筑文化代表之一。

　　始建于明洪武年间的大鹏古城，是深圳目前唯一的国家级重点文物保护单位。

1841 年 1 月 25 日，爱德华·贝尔澈丰领賓拉（今上环水坑口）登陆并在当地驻扎下来。

英国火炮

近现代时期

　　1979 年 1 月，撤销宝安县，设立深圳市，是中国第一个经济特区，因其独特的地理位置，迎着改革的春风而一跃成为中国最具活力的、最年轻的、现代化的城市之一。

　　2019 年 2 月，中共中央、国务院印发《粤港澳大湾区发展规划纲要》，要求深圳加快建成现代化国际化城市，努力成为具有世界影响力的创新创意之都。

感受
深圳情调

每个城市都有属于自己的城市情调，深圳也不例外，这里的居民来自五湖四海，不同的文化融合碰撞之后并没有谁将谁占领或者排除，而是自然而然的兼容并蓄，各种文化独立悠然地存在着，打造出了摩登深圳的另一副面孔——文艺。

书籍之香

深圳是一座热爱阅读的城市，书籍的地位被居民们屡屡提升，图书馆、大型连锁书店、独立书店遍布城区各处，下到刚识字的懵懂孩童、上到戴着老花镜的花甲老人，手捧书籍深深沉醉的样子早已定格为深圳的城市面孔。

深圳书城中心城

深圳书城中心城位于深圳中央城区北中轴线上，是全世界单店经营面积最大的书城之一。书城分南北两区，北区为品种丰富的图书分类区，南区则有好几家独立书店，环境非常好，每天来这里读书的人很多。

怎么去：乘坐地铁3号线、4号线到少年宫站，出站后步行可达。

旧天堂书店

旧天堂书店坐落于深圳华侨城创意园北区 A5 栋 120 号，是一家清幽静谧、雅致复古的独立书后，主营人文图书和独立音乐，店内会不定期举行各种沙龙活动，是深圳文艺青年聚集地。

怎么去：乘地铁2号线侨城北站下，换乘公交M486路前往。

美术之醉

深圳的空气里除了丝丝缕缕的书香，还能闻到其中夹杂的或浓或淡的颜料的味道，美术馆里沉默低调的大师手笔和大芬油画村新鲜即时的街头作品，形成了一种莫可名状的和谐氛围，哪怕是新人画手的处女作，似乎都能找到对它一见钟情的知音。

关山月美术馆

关山月美术馆位于福田中心区，南临市政广场，是以中国著名岭南画派大师关山月先生名字命名的国家级美术馆，造型独特，古朴典雅。内设8个标准展厅，藏品近 3000 件，其中关山月先生捐赠作品 813 件。

怎么去： 乘坐地铁4号线到少年宫站，B出口即到。

观澜版画村

观澜版画村位于宝安区观澜街道牛湖社区，版画村和客家古村落融合，将客家文化主题目融合到现代景观元素中，田园山水非常诗意，这里不仅能够观赏到国际国内众多版画大师的作品展览，更可以亲身体验制作版画。

怎么去： 市内乘坐公交 312路可直达版画基地。

大芬油画村

大芬油画村位于龙岗区布吉街道，以原创油画及复制艺术品加工为主，国画、书法及画框、颜料等配套产业为辅，共有各类经营门店近 800 家，画家、画工5000 多人，是国际知名的文化阵地。

怎么去： 乘坐地铁3号线在大芬站下，步行可达。

音乐之美

　　深圳可谓是中国流行音乐的重镇，20世纪80年代风靡一时的歌舞厅文化打开了深圳流行音乐的大门，更诞生了中国本土第一批流行歌手。时下新生代歌坛唱将的出现、钢琴之城的实力、交响乐团的壮大、歌唱比赛和音乐剧的长足发展，都让深圳的音乐元素越加浓厚起来。

深圳音乐厅

　　音乐厅坐落在福田中心区，这里的演奏大厅是目前国内规模较大的纯自然声演奏大厅，承办过众多音乐大咖和重量级乐团的表演活动，还推出了"美丽星期天、音乐下午茶"等音乐普及活动。

怎么去： 地铁3号线、4号线到少年宫站下。

深圳大剧院

　　深圳大剧院位于罗湖区荔枝公园旁，是深圳高雅艺术的殿堂。大剧院不仅承办了众多重大公益演出，还接待过很多表演名家和团体，每逢节假日都会有免费公益演出。

怎么去： 地铁1号线、2号线到大剧院站下即到。

创意之心

　　深圳素来是中国最具创意的城市之一，文化沙漠的浅见早已被创意生活的追求打败，新颖开发园区的出现也使得这座城市持续焕发着出不同寻常的特质，而坐落在华侨城中 OCT-LOFT 文化创意园就是深圳目前最受年轻人欢迎的去处，除了独立店铺，最吸引人的便是这里层出不穷的展览、演出、沙龙、市集……

柴火创客空间

　　为创新制作者提供自由开放的协作环境，基本的原型开发设备如 3D 打印机、激光切割机、电子开发设备、机械加工设备等，并会组织创客聚会和各种级别的工作坊，鼓励跨界交流，旨在努力将创意变成产品。

怎么去：地铁2号线在华侨北站下，步行可达。

My 系列

　　是来自"香港室内设计之父"高文安的创意，分为 My Noodle 面条馆、My Coffee 咖啡馆、My Gym 体育馆三个据点，是园内人气最高的地方，三个场地内层出不穷的室内设计灵感，以及浓烈交织的异域风情所带来的惊喜，简直叫人叹为观止。

怎么去：地铁1号线在华侨东站下，步行可达。

T 街创意市集

　　是中国第一个周期最为密集的街区型创意市集，每个月的第一个周末开街，为原创设计师及团队提供了交流和推广平台，也使很多学生和普通市民有机会参与到创意活动当中，切身体会创意为生活带来的乐趣，体验到创意提升生活品质的内涵。

怎么去：地铁1号线在华侨东站下，步行可达。

畅享
深圳购物

作为毗邻香港、澳门、广州的摩登都市，深圳自然能在购物之都的名单榜上有名，主打特产有各色海鲜和热带水果，而作为科技之都，华强电子世界更是不少科技迷们最钟爱的地方，此外位于港深交界地带的中英街，各种免税产品可是购物狂们的天堂。

南山荔枝

中国荔枝在深圳，深圳荔枝在南山。南山荔枝是世界上唯一享有地理标志保护的荔枝，早在唐宋时期便是进献帝王的"岭南贡品"，主要种植品种有糯米糍、桂味、妃子笑等，荔枝肉软滑细嫩、多汁味甜，口感极佳。

沙井蚝

沙井蚝是深圳最著名的海水特产。主要产于珠江口咸淡水交汇之地，个体肥壮，色泽乳白，肉质嫩美。产地集中在深圳著名的蚝乡宝安区沙井镇，其蚝体大；肉质细嫩鲜美。

深圳钟表

深圳是全球最大的钟表制造基地之一，全国钟表行业所评9个"中国名牌"中，深圳就独占4个，拥有依波、飞亚达、天王、霸王以及时运达、星皇、雷诺、东方星等众多优秀品牌。

云雾茶

云雾茶主要产于大鹏新区南澳镇七娘山，历史悠久，品质优良，富含茶碱、茶丹宁、维生素，色、香、味俱全，是值得一品的上等好茶，饮之可以提神解渴、去腻降压、消除疲劳。

鹏城八珍

鹏城八珍精选深圳八款名优产品，包括沙井蚝、安琪食品、广式腊肠、香辣鱼子酱、橄榄油、花旗参含片、桂圆肉、冰葡萄酒等，是自家品尝或者访亲送友的佳品。

石岩沙梨

沙梨是深圳主要的特色水果之一，主要分布在北半部的山区，尤以有"水果之乡"美称的石岩为最。与北方梨相比有几大特点：一是大，果大如瓶，最大者可达一斤半；二是汁水好，梨肉雪白，肉质脆爽，食后无渣，水分极多；三是特别甜，味道可口，甘甜无比。

南澳鲍鱼

鲍鱼古称"石决明"，自古便被视为四海味珍品之首。南澳鲍鱼主要产于南澳海湾的海崖险要处，尤以东冲的鹿咀为最多，肉质滑爽脆嫩、营养丰富，有补血、治眼疾的医疗功用，还可养颜怡神、调理血压。

西冲梧桐山
全览2日深度游

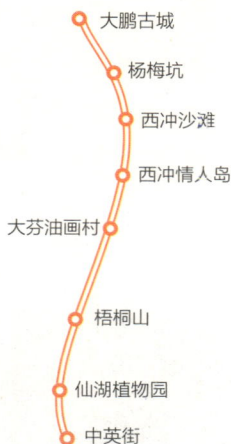

大鹏古城
杨梅坑
西冲沙滩
西冲情人岛
大芬油画村
梧桐山
仙湖植物园
中英街

DAY 1

上午去往古老沧桑的大鹏古城；之后抵达深圳美丽的溪谷——杨梅坑；中午来到西冲沙滩；下午乘坐快艇，来到西冲情人岛俯瞰无敌海景。

DAY 2

上午先去大芬油画村，之后来到梧桐山，整个深圳美景尽收眼底。有时间还可以去附近的仙湖植物园。下午前往中英街，街淘的同时感受这条老街的历史。

东门大小梅沙
初体验3日经典游

DAY 1

来到深圳，先去东门老街，之后去地王观光，高达328米的地王大厦，是深圳很高楼宇与标志性建筑；最后去福田区的深圳市民中心观光。

DAY 2

早餐后参观锦绣中华，一日"游尽"中华大地；下午来到深圳红树林自然保护区；之后夜游欢乐海岸。

DAY 3

上午来到莲花山公园；然后去大梅沙，看看海、吹吹风，躺在沙滩上晒太阳；从这里步行去小梅沙。

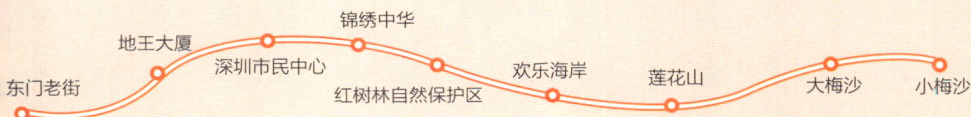

东门老街 — 地王大厦 — 深圳市民中心 — 锦绣中华 — 红树林自然保护区 — 欢乐海岸 — 莲花山 — 大梅沙 — 小梅沙

特区翘楚

改革开放第一特区

深圳地处南中国的海滨,椰风海韵,细浪白沙,景色宜人,历来被视为"华夏南大门、边陲风景线"。作为中国改革开放总设计师邓小平亲自倡导设立的新中国第一个经济特区,独具优势的首发地位、毗邻港澳的地理环境,带给了深圳无限的发展机遇和创新挑战。"深圳速度"早已闻名国内外,这里不仅是中国南方重要的高新技术研发和制造基地,更有中国最大集装箱港口盐田和中国大陆第四大航空港宝安国际机场,这里是中国经济最发达的地区之一。

1979年深圳正式从原来的广东省宝安县,升级成为省辖一级城市。

1980年8月26日,全国人大常委会正式批准在深圳设置经济特区,深圳正式成为中国改革开放政策下诞生的第一个经济特区城市,这一天成了深圳的"生日"。

1984年2月,邓小平同志首次视察深圳并为其题词,成为深圳在改革开放的浪潮中浓墨重彩的一项全民记忆。

持有特区"身份证"不过30多年的深圳,恰如一位风华正茂的青年,正处在生命力最为蓬勃朝气的年纪,无论是城市经济的发展,还是精神文化的建设,这座人口已逾千万的移民城市早已走在了其他特区城市的前列,"设计之都""钢琴之城""科技之城"等美誉纷纷被人们赋予这里,创意、时尚、魅力等诸多溢美之词已成为深圳永恒的城市标签。

书香城市
因读书而受人尊重

　　2013年，深圳成为中国首个被联合国教科文组织授予"全球全民阅读典范城市"这一殊荣的城市。深圳市政府在资金和政策等方面的切实支持、社会企业的赞助、民众的积极响应，让深圳的阅读氛围愈发浓烈，最为显著的成果便要数业已形成固定城市文化的"深圳读书月"了。

　　深圳读书月首创于千禧2000年，定于每年的11月举办，秉承营造书香社会、实现市民文化权利的宗旨，以"阅读·进步·和谐"为总主题，着力于提升市民素质、建设学习型城市，每年都会举办数百项读书文化活动，创出了深圳读书论坛、经典诗文朗诵会、年度十大好书、书香家庭、青工阳光阅读、海洋文化论坛等一众知名品牌活动，为深圳打造了一张纸墨书香的城市名片。

　　在全民阅读的城市文化孕育下，深圳市内的书店纷纷出现，老牌深圳书城不仅没有在实体书店和网上书店的竞争中出现颓势，反而已发展有五大书城，尤其是地处福田区的中心书城，早已成为深圳的文化地标之一。

　　除了大型书城和窗明几净的深圳市图书馆，众多独立书店也成为了深圳的文艺风向标，地处华侨城创意园区内的旧天堂书店，因其独特多元的文化空间而成为文艺青年们的集散地。拂去现代都市的面纱，骨子里的深圳弥漫着优雅的书香。

设计之都
灵感激荡的先锋地

深圳是中国的设计重镇，拥有实力较强的设计企业 6000 多家，囊括了包括黄治奇、陈绍华、韩家英等著名设计师在内的 6 万多名设计精英，他们几乎获得过世界上所有顶级设计赛事和国际展览的奖项，包括北京申奥标志在内的一批在海内外有广泛影响力的作品便出自深圳设计师之手。

2008 年 11 月，深圳加入联合国教科文组织"全球创意城市网络"项目，获得了"设计之都"的美誉，成为中国第一个入围该网络的城市，全球第六个"设计之都"。

这座因设计而生以创意闻名的海滨城市，大到对整个深圳的城市布局，小到孩子们手中的一支铅笔，到处都凝聚着深圳本土设计的无限灵感。当看到一座又一座的摩天大楼以深圳地标的名义不断出现于深圳湾畔时，我们甚至可以清晰地描绘出那一股股流淌在深圳人骨子里对极致设计美学的热爱和追求。

设计之都创意产业园的蓬勃发展，大芬油画村的蜚声海内外，何香凝美术馆、华·美术馆

创客之城
新兴企业的孵化器

"创客"一词是时下非常流行并被迅速接纳的新词，来源于英文"Maker"，指不以盈利为目标、有独立想法并把想法变成现实产品的人。创客运动来到中国的时间虽然短暂，却以迅猛之势燎原而来，作为中国首个创新型城市的深圳成为了国内千万创客们最理想的扎根之所，这也让深圳走在了国内创客运动的最前沿。

2011 年，中国最大、世界前三的新硬件孵化平台矽递科技创始人潘昊将自己位于深圳华侨城的办公室改造成柴火创客空间，从此开始了创客之路。2015 年伊始，李克强总理的到访，让拥有深圳创客主力的"柴火"一时间声名大噪，成为近年来深圳创客发展的一个缩影。

柴火所在的 OCT-LOFT 华侨城创意文化园原本只是一个机器轰鸣的旧厂房。2004 年华侨城人开始设想将旧厂房改造为创意产业工作室，引进各类型创意产业和配套商店。2006 年 5 月，酝酿许久的华侨城创意文化园正式挂牌，汇集了建筑、摄影、传媒、时尚、家具、书店、科技等一大批来自各领域的新兴企业。

类似柴火的创客群在深圳还有很多，大大小小的讲座、创客局、

等一系列艺术专题馆的开放，设计风尚带动下的文化艺术产业在深圳遍地开花，只要来到深圳，你所能看到、摸到、嗅到、听到，建筑、珠宝、服装、雕塑、玩具、家具、机器人……都是来自"设计之都"最完美的诚意之作。

创意文化节在创客圈内层出不穷，这里有着与华强北大商圈完全不同的文化氛围，创客们虽然往往只有几平方米的活动空间和并不丰裕的资本，却能在短短几分钟的头脑风暴中精准勾勒出下一个梦想的方程式。

特色博物馆
洗尽铅华的记忆簿

　　在深圳，无论是在大街小巷，还是在市区抑或郊外，你都推不开这里四处蔓延的历史与文艺交汇的气息，这座戴着改革光环的城市，在风风雨雨中用它的方式记录了一段段不能遗忘的记忆，博物馆总有这样的神奇之处。深圳的特色博物馆随处皆是，钢琴、钟表、版画……它们都用自己的方式，来生动的展现每个时间段里不一样的深圳味道。

中医药陈列馆

　　在硕大的陈列馆里，展览着珍奇动物类药、古代化石类药、海洋生物类药、植物类药等，中药界的"翘楚"如中华"九大仙草""四大怀药"和"四大南药"等标本，这里共计标本 2000 余种。两名讲解员在馆内为参观的市民讲解各类奇珍异宝，比如千年野生灵芝王、沉香、檀香、巨型肉桂、巨型肉苁蓉、巨型首乌、金毛狗脊、西藏雪灵芝等名贵珍稀标本。

位置：深圳市龙岗区中医院科教楼二楼

中英街历史博物馆

　　中英街历史博物馆原为中英街历史纪念馆，1999 年 5 月 1 日建成开馆。其展楼总建筑面积 1688 平方米，较全面的记录和反映了中英街的百年沧桑。博物馆第 2、3 层为"中英街历史"陈列厅，常设陈列共分六部分，它们依次是：热土、割占、抗争、变迁、发展、回归。

位置：深圳市盐田区沙头角镇内环城路 9 号

招商局历史博物馆

招商局历史博物馆是在招商局档案馆"史料陈列室"的基础上建立起来的，档案馆于1992年11月28日开馆，2003年11月档案馆乔迁新馆。它以时间为主线，展出了包括李鸿章创立招商局的奏折、开办之初的招商入股书、招商局第一个章程、招商局股票、龙头印章、晚清漕运文献、招商局抗日沉船的船体遗骸、招商局海员起义生死状、李先念主席批准建立蛇口工业区时圈划的香港明细全图、邓小平题写的"海上世界"等近500件展品，再现了招商局130年来的风雨历程。

位置：深圳市南山区蛇口沿山路21号

中国版画博物馆

中国版画博物馆一边是客家老屋、碉楼、半月塘，另一边是气势恢宏的现代建筑，它融合了"新"与"旧"、"人文"与"自然"，已成为龙华区一道特有的文化景观。它是全国首个专业版画博物馆，也是全球规模最大，设施最齐全、功能最完善、学术最权威、运作最规范的专业版画艺术博物馆。

位置：深圳市龙华新区观澜街道裕新路中段

深圳钢琴博物馆

深圳钢琴博物馆创建于2008年，是国内第二家、广东省首家专业钢琴博物馆。场馆总面积1200多平方米，以收藏18世纪末至20世纪初来自美国、德国、俄罗斯、法国、意大利、中国等国的极具时代特点和艺术性的古钢琴为主，现有古钢琴46架，最早的距今已三百多年。馆内藏品既有最古老的现代钢琴始祖之一的琉特琴，亦有见证中国钢琴文化产业发展历程的东方红钢琴。

位置：深圳市福田区上步南路乐器城

宝安劳务工博物馆

劳务工博物馆，展出了大量劳务工在深圳工作生活的实物史料，全方位、多角度地反映劳务工群体的发展历史，这也是中国首个建成的以劳务工为主题的博物馆。博物馆主展厅分为五个单元，对劳务工30年的历史及文物标本进行展示；临时展厅和报告厅，主要用于劳务工美术、书法和摄影展览；其余部分为办公及文物库房。目前该馆免费向市民开放。

位置：深圳市宝安区石岩街道上屋第二工业区永乐路6号

义工家园

守望互助爱传鹏城

深圳经济特区成立后，祖国各地的有志青年纷纷来深创业，可是，在背井离乡、无依无靠的环境下，青年们在创业过程中遇到困难往往求助无门。正是这些移民问题的出现，催生了深圳的爱心义工队伍。1990年4月23日，由46名义工组成的市义工联在民政局注册成立，成为中国内地第一个义工团体。

义工联成立以来，一直秉承着"送人玫瑰，手有余香"的互助理念，"有困难找义工，有时间做义工"已成为一句响亮的口号。目前深圳全市共有义工组织千余个，义工十数万名，网络和电话等多种新型资讯平台的建立也让深圳义工成为中国内地义工组织的领头羊。

深圳义工的服务范围非常广泛，有近20大项30多类服务，包括敬老扶贫、献血环保、心理咨询、法律援助、重大活动服务等分工十分细致。深圳义工服务的足迹还走向了其他省市，甚至走向了国际，如赴贵州、山西、广西等地"扶贫支教计划"，梅州山区"健康直通车"服务，为山区修建青年志愿者路，全国第一位国际义工李泓霖赴老挝支教等。

"来了就是深圳人，来了就做志愿者"。作为改革开放探路者的深圳是座典型的移民城市，人与人之间存在着普遍的冷漠，可是却在逐步发展的浪潮中培养出了强烈的大局意识和责任意识，尊重他人、友爱互助、奉献社会的城市精神已为新一代深圳人普遍接受和践行。正是义工群体的出现，让深圳这座高冷的现代都市，在钢筋混凝土的森林里，仍然充满了脉脉温情。

第 1 章
华侨城旅游区

华侨城

欢乐谷

锦绣中华

中国民俗文化村

世界之窗

华·美术馆

何香凝美术馆

OCT-LOFT创意文化园

欢乐海岸

华侨城

深圳湾畔的一颗明珠

微印象

@44岁那年 深圳华侨城旅游区集文化、娱乐、休闲于一园，里面有浓郁热烈的异域风情，还有缤纷动感的体验参与，是来深圳游玩不可不到的地方。

@jessica8709 深圳华侨城比起其他城市的华侨城游玩项目要多，并且设施非常齐全，交通也很方便，值得前往。

门票和开放时间

门票：旅游区内游玩免费，各个景点门票另付。开放时间：9:30—21:00。

进入景区交通

位置：深圳市南山区华侨城。

地铁：市区内乘坐地铁1号线在华侨城站或者乘坐2号线在侨城北站下车即可。

景点星级

刺激★★★★★   休闲★★★★★   美丽★★★★   浪漫★★★★   特色★★★   人文★★

深圳华侨城旅游度假区占地面积32万平方米，内有多项旅游设施，是一个以文化旅游景区为主体的旅游度假区。度假区相继建成了锦绣中华、中国民俗文化村、世界之窗、欢乐谷四大主题公园以及深圳湾大酒店、海景酒店、威尼斯水景主题酒店

、何香凝美术馆、暨大中旅学院、华夏艺术中心、欢乐干线高架单轨车、华侨城生态广场、华侨城高尔夫俱乐部、华侨城雕塑走廊、华侨城燕晗山郊野公园等一批旅游文化项目设施，形成一个集旅游、文化、购物、娱乐、体育、休闲于一体的，面积近5平方千米的文化旅游度假区。

华侨城旅游区示意图

中山公园

中山公园是深圳市唯一以孙中山名字命名的公园，也是深圳市历史最悠久的公园。整个园区以热带园林风光为主，景色与名人雕像相互映衬，鲜花飘香、草地如茵、古木参天。

中山公园

软件大厦

金科大厦

青梧桐

圣淘沙酒店

南山大道

玉泉路

南海大道

高新中二道

科苑大道

朗峰大厦

深圳新豪方酒店

深圳维多利亚海岸酒店

南新路

荔香公园

南海大道

深圳大学

高新南一道

高新南四道

南山剧院

白石路

科技南路

前海路

学府路

科苑大道

高新南九道

科园路

深圳新年酒店

学府路

住 宿 攻 略

　　华侨城旅游区分布着众多酒店，住宿非常方便，主要有：深圳海景嘉途酒店（电话：0755-26602222）、华侨城洲际大酒店（电话：0755-33993388）、威尼斯酒店（电话：0755-26936888）、城市客栈欢乐谷店（电话：0755-26930666）、城市客栈世界之窗店（电话：0755-26929999）、华侨城旅友国际青年旅社（电话：0755-86095773）、燕晗山酒店（电话：0755-26933288）、鸿波酒店（电话：0755-26949265）、海景酒店（电话：0755-26602222）等。

　　城市客栈（华侨城创意园店）：紧邻城市主干道深南大道，华侨城的南国风景和创意园的时尚景致尽收眼底，毗邻锦绣中华、民俗文化村、世界之窗、欢乐谷。优越的地理环境、便利的交通。位置：深圳市南山区华侨城汕头街东E-2栋。电话：0755-26931311。

　　深圳海景嘉途酒店：一家以东南亚风情为主题的商务酒店，位于风景旖旎的深圳湾畔，毗邻锦绣中

欢乐干线

欢乐干线是世界一流的无人驾驶高空观光列车，全程 3.88 千米，列车匀速运行在华侨城旅游度假区的上空，乘车游览一周约需 25 分钟。坐上欢乐干线，乘客能体验到前所未有的视觉感受——沿途不仅可以从高空俯瞰深圳欢乐谷、世界之窗、锦绣中华、民俗村、威尼斯酒店、华侨城大酒店、海景酒店、华夏艺术中心、生态广场等人文景观，还可以到达深圳湾畔，远眺深圳的滨海大道、国家重点保护的自然景观——红树林。透过深圳湾浩渺的海面，可以将香港新界的"卫星城"元朗和气势雄伟的深港跨海大桥——深圳湾公路大桥尽收眼底。

华、民俗文化村、世界之窗、欢乐谷等著名文化旅游景点，紧邻城市主干道深南大道，交通便捷，环境幽雅。位置：深圳市南山区华侨城光侨街3-5号。

城市客栈（世界之窗店）：在世界之窗旁，是景点欧陆街的一部分，属于经济型的商务酒店，在这里入住可以享受世界之窗门票85折优惠，并且可在购票起24小时内二次入园（黄金周不享受二次入园优惠）及优先预订世界之窗晚会观礼券。

华侨城洲际大酒店：是中国首家以西班牙风情为主体的度假酒店，一艘西班牙仿真帆船通往酒店大堂的车道上，令人叹服。位置：华侨城深南大道9009号。

威尼斯酒店：位于深圳的西南方，拥有一幢高17层的现代建筑，毗邻世界之窗等著名的主题公园，非常方便。位置：华侨城深南大道9026号。

深圳世界之窗假日青年旅舍：紧邻世界之窗地铁站，窗景直接面对世界之窗全景，在这里可玩桌游、乐器、旅舍交友，是一家性价比很高的青年旅舍。

欢乐谷

狂欢的天堂

微印象

@Christina_YANG_ 早晨早点去可以省去很多排队的时间，比如玩太空梭、过山车、激流勇进等都不用排队，非常刺激！

@zhongcoco 去过两次深圳欢乐谷，每次都有惊喜，对于喜欢刺激、探险的年轻朋友，是一个非常完美的胜地。如果到深圳，不去欢乐谷，将成为遗憾，后悔莫及哦。

门票和开放时间

门票：全价门票230元，夜场100元。开放时间：9:30—22:00，停止售票时间：20:30，停止入场时间：21:00，夜场开放时间为18:00—22:00。

进入景区交通

位置：深圳市南山区华侨城。

1.地铁：乘坐深圳地铁1、2号线在世界之窗站下车，步行3分钟即至欢乐谷。

2.观光巴士：在罗湖火车站乘坐观光巴士可直达欢乐谷。

景点星级

刺激★★★★★　休闲★★★★★　美丽★★★★　浪漫★★★★　特色★★★　人文★★

深圳欢乐谷是华侨城集团新一代大型主题乐园，占地面积35万平方米，融参与性、观赏性、娱乐性、趣味性于一体。全园共分九大主题区：西班牙广场、魔幻城堡、冒险山、欢乐时光、金矿镇、香格里拉·雪域、飓风湾、阳光海岸，加上独具特色的玛雅水公园，有100多个老少皆宜、丰富多彩的游乐项目。这些游乐项目被赋予了逼真而完美的主题包装，营造出优美宜人的环境，拥有具有美国西部和中国藏北风格的景观。

解说

游乐园内拥有众多全国乃至亚洲独有的项目：如世界最高落差的"激流勇进"，亚洲最高过山车，全球至尊弹射式过山车，中国第一座悬挂式过山车"雪山飞龙"，中国第一座巷道式"矿山车"，中国第一座"完美风暴"，中国第一辆"仿古典式环园小火车"，亚洲最高、中国第一座惊险之塔"太空梭"，亚洲首座集视觉、听觉、触觉于一体的"四维影院"，世界轨道最长的水战船"丛林水战"，以及国际一流水平、国内第一条高架观光游览列车"欢乐干线"。

① 西班牙广场—魔幻城堡—冒险山

置身于西班牙广场，仿佛沉浸在西班牙码头上，身旁的一切场景也仿佛在地中海沿岸发生，所有的景色都是那么的自然，那么的和谐。

魔幻城堡是亚洲首创的魔幻主题空间，中国唯一奇幻天伦乐园，20多个亲子项目妙趣横生，在这里任何神奇的事情都可能发生。

冒险山秉承了华侨城依山建设的传统，有亚洲最高、中国第一座惊险之塔——太空梭。重点项目有太空梭、森林攀爬、情人园。

攻略

1.欢乐谷设有两个停车场，分别是欢乐谷入口广场地下停车场和欢乐谷正门往右杜鹃山西路北行方向50米（城市客栈斜对面）玛雅海滩停车场。停放时间在8:00—24:00的，小车收费15元/次，大车（含中巴）收费30元/次；停放时间在0:00-8:00的，不论车型，均为1元/小时。

2.欢乐谷内每天有几十场精彩演出。地道战：影视拍摄场上演的大型影视实景拍摄表演《地道战》，生动地再现了当年抗日战争波澜壮阔的历史画卷，置身其中，更能体现到影视拍摄的欢乐。

❷ 香格里拉·雪域—阳光海岸

在神秘莫测的香格里拉森林里，人们可以穿行飞跃于原始丛林之间，在雨林里分享奇妙的旅程，在娱乐中体验冒险的真实，在自然中感受返璞归真的野趣。重点项目有：雪山飞龙、雪域雄鹰、心语神泉、丛林狩猎、灵异古海沟、异度空间、蓝月山谷。

阳光海岸上，一派热带海滨的浪漫风情，一种轻松愉快的休闲环境，阳光、沙滩与浓郁的热带树木相映成趣。人们可以在长长的休闲走廊里小憩一会，或在阳光的照耀下沿着细软的沙滩漫步，或带着孩子在沙滩边垒起各种形态的沙雕……重点项目：极限运动营、青蛙跳、阳光海岸、佛陀树。

点赞	👍 ars天山雪莲 非常适合年轻人、小朋友玩，我们去玩的时候参考了旅游攻略，是从后面玩起的，这样就不会有太多人了。
	👍 jingongjie 主题包装逼真而完美，处处都透着神秘与多彩。

欢乐谷示意图

038

攻略

1. 谷内新推出的国内首台大型都市主题魔术情景剧《梦幻深圳》，通过"都市节奏""都市梦想"等篇章展现深圳人时尚现代、积极向上的文化氛围和都市魅力。地点在欢乐剧场，每天下午17:00（周三停演）。

2. 每天14:30和15:30（周二停演）以及13:30（周六、日加演）都会在阳光海岸的极限运动营进行极限运动表演——《巅峰少年》，来自美国、加拿大等国内外顶尖的小轮车、滑板、轮滑选手在这里上演各种高难动作，速度与技巧的完美结合让人叹为观止。

❸ 飓风湾—欢乐时光—玛雅水公园

飓风湾：一个充满浓郁加勒比海盗风情的废墟小镇上，飓风和地震侵袭的斑驳残迹隐约可辨，满目疮痍，奇遇无穷。重点项目：激流勇进、完美风暴、飓风眼、星球大战、反斗乐。

欢乐时光：20世纪初繁华的欧洲小镇，一个永不落幕的嘉年华，欢乐是永恒的主题，凡是到达这里的人们都会忘记一切，只会留下回忆……重点项目：发现者、UFO、龙卷风、尖峰时刻、欢乐风火轮、寻梦河、四维影院、激光战车。

玛雅水公园：亚洲唯一荣获世界水公园协会"行业创新"桂冠的水公园。原汁原味南美风情，各种精妙嬉水设施，让您领略玛雅文明的神奇，享受嬉水的乐趣！

小贴士

欢乐谷很不错，但是如果想使门票产生最大的价值，最好是不要节假日去，否则一天之内玩不完所有想玩的项目。

攻略

1. 在玛雅水公园开放期间，进入欢乐谷的游客可免费游玩玛雅水公园。

2. 公园内所有的游戏项目均可重复玩，建议在节假日去的游客入园后先从尽头的"雪山飞龙"玩起，从里到外地玩出来，可避开人群，省去部分排队之苦。

攻略

景区交通 游遍景区不犯愁

　　景区内有仿古典式环园小火车、老爷车、电瓶车、单人游园车等，设施齐备，为游客的趣味观赏活动提供多种选择。 欢乐干线：国内第一条城市高架观光游览干线，全长3.88千米，购票当天可多次乘坐，游客在敞亮舒适的车厢内俯视各旅游景点，一日便可饱览华侨城美景。

美食 饕餮一族新发现

　　公园内有多家快餐店和小卖铺，午饭可以在里面解决，但是价格比外面要贵一些；也可以自带一些面包、火腿、饮料等，找个草地坐下来和家人朋友一起吃。

　　欢乐谷入口处的欢乐谷食街餐厅的价格比任何公园里的餐厅都便宜很多，而且品种选择繁多，能满足大多数游客的需求。

　　魔幻城堡餐厅：以经营特色煲仔饭为主，湘式腊味、广式腊味是本店热推煲仔饭，环境优雅，方便快捷。

　　香喷喷餐厅：经营饭、粥、面类中式快餐和富有闽南风味的五香卷、薄饼、肉丸、卤味等特色小吃，以及多种冷热饮品。

　　欢乐谷老船长：欢乐谷老船长又一轩餐厅处于欢乐谷中心区，旁边有"完美风暴""激流勇进""水上世界"等大型的游乐项目。整体外观仿佛一艘超大型的两层古船，装修风格古典。一楼大厅可以同时容纳500—800人就餐，客人可以边用餐边欣赏阳光沙滩美景。

行程推荐 智慧旅行赛导游

　　游览线路推荐：西班牙广场—冒险山（太空梭）—金矿镇（矿山车，金矿漂流）—香格里拉森林（雪山飞龙，灵异古海沟）—阳光海岸（可以在这里稍作休息）—飓风湾（完美风暴，激流勇进，飓风眼）—玛雅水公园（水上游乐场）—欢乐时光（UFO，发现者，龙卷风，尖峰时刻）。

锦绣中华

中国名景尽收于此

@kangge 7月份去过一次，先是看了表演，随后就去参加泼水节，虽然那里傣族文化气息没有那么浓厚，但是泼水的气氛仍然很是活跃！

@豪康制粉 锦绣中华·民俗村非常好，值得看一看，最好上午逛锦绣中华，下午逛民俗村，因为民俗村下午有一些表演项目，如：金戈铁马、东方霓裳……

门票和开放时间

门票：全票 220元，套票 245元。开园时间：平日：9:00，国家法定节假日：8:30，闭园时间：18:00。泼水节期间（6~8月份）闭园时间为22:30。

最佳旅游时间

春秋季最佳。深圳夏季炎热，公园内植被较少，为了防暑降温和更好的游玩建议避开夏季。

进入景区交通

位置：深圳市南山区深南大道。

地铁：可搭乘地铁1号线在华侨城站下车，然后走D出口出站。

景点星级

特色★★★★★　休闲★★★★★　美丽★★★★　刺激★★★★　浪漫★★★★　人文★★★★

锦绣中华是目前世界上面积最大、内容最丰富的实景微缩景区，分为主点区和综合服务区两部分。景区内的名胜古迹和自然山水微缩景点与实景的比例大部分为 1:15，个别景点为 1:10 或 1:8，最大的是 1:1（莫高窟中的两个洞窟）。

锦绣中华的景点均是按它在中国版图上的位置布置的，虽然精度比不上当地的实景，但让人能在几十步的范围内从感觉肃穆庄严的明十三陵到畅游如诗似画的漓江山水，从瞻仰海拔最高最宏伟的布达拉宫到体验险峻挺拔的长江三峡，从仰望最大的佛像乐山大佛到饱览最长的石窟画廊敦煌莫高窟……将祖国的大江南北在几个小时之内尽收眼底，倒也方便快捷。安置在各个景点上的陶艺小人达 5 万多，正是因为园区内有着众多的陶艺小人，锦绣中华又被叫作"小人国"。

攻略

在景区内，可以观看到皇帝祭天、光绪大婚、孔庙祭典的场面与民间的婚丧嫁娶风俗。在编钟馆，还能欣赏到古装乐队演奏千古绝响——楚乐编钟。

在园区内的世界名人植树园还可以看到许多中外名人游览锦绣中华、中国民俗文化村时，种植下的象征友谊的纪念树。迄今为止，世界名人植树园中已有 30 多位中外领导人和名人在这里植树。

锦绣中华在游览路线的设计、园林的绿化、商业区的设置以及卫生管理等方面也别具匠心。游人在园内可以一边漫步在绿树掩映、花团锦簇的园林小径中，一边欣赏散布的艺术珍品似的微缩景点；还可以在园中的小舞台旁欣赏传统的民间舞蹈；在那白墙青瓦的苏州街内，可以品尝各地风味小吃，购买富有特色的工艺和土特产品。

点赞 👍 @、、不再在乎 锦绣中华里面挺好玩的，好像穿越了时空一样，感觉真的好像回了古代一次，完全把自己当作是古代人了，如果有机会还要去一次。

👍 @2688002216 锦绣中华和民俗村是在一起的。民俗村是按照全国56个民族各自的民居以1:1的比例修建的，每天相应时段会安排民族表演，感觉还不错，值得去看看。

锦绣中华示意图

天山 · 蒙古包
· 出路 · 昭君墓
360° 环幕电影院 · 大清真寺 · 成吉思汗陵
· 香妃墓
苏州一条街 · 妙应寺白塔
· 万里长城 · 明十三陵 · 冰灯
· 入口处 · 嘉峪关 · 金刚宝座塔 · 四合院 · 避暑山庄 · 达斡尔
· 布达拉宫 · 陕北民居 · 故宫 · 卢沟桥 · 山海关
九龙壁 · 大雁塔 · 赵州桥
莫高窟 · 圣寿寺 · 秦陵兵马俑 · 天坛 · 孔庙 · 蓬莱阁
· 应县木塔
龙门石窟 · 崖墓悬棺 · 黄帝陵 · 泰山
云冈石窟 · 大足石刻 · 晋祠 · 中山陵
乐山大佛 · 鼓楼 · 悬空寺 · 休息廊 · 服务站
白族民居 · 杜甫草堂 · 侗族村寨 · 南禅寺 · 寒山寺
大理三塔 · 武侯祠 · 嵩岳寺塔 · 古观星台 · 瘦西湖
傣族村寨 · 飞虹塔 · 少林寺 · 西湖风光
石林 · 曼飞龙塔 · 塔林 · 网师园
· 长江三峡 · 岳阳楼 · 黄鹤楼 · 黄山
· 景真八角亭 · 镇海楼 · 水香小镇
· 漓江山水 · 佛山祖庙 · 客家土楼 · 日月潭
· 七星岩 · 西樵山

· 五指山
天涯海角

攻略

景区交通 游遍景区不犯愁

❶ 包车：平日包车1小时、环绕景区一周（1~5人）220元，5人以上每增加1人按35元/人收费（中途可随意停车）；法定节假日环绕景区一周260元，5人以上每增加1人加收40元/人。

❷ 游览车：景区内有游览车，平日时凭当日车票可在景区内指定的4个站点多次乘坐。车票20元/人，每20分钟发车一次，站点之间不停车。节假日时班车环绕景区一周，中途不停车，30元/人。

行程推荐 智慧旅行赛导游

快速游览路线：九龙壁—锦绣花园—莫高窟—世界名人植树园—黄山—寒山寺—圆明园—长城山海关—故宫—布达拉宫。此线路以乘坐游览车为主，1个小时快速游览景区。

半日游览路线：九龙壁—锦绣花园—莫高窟—世界名人植树园—黄山—寒山寺—圆明园—长城山海关—故宫—布达拉宫。可以步行或驾驶代步车，2个小时以上游览景区，并可观看1—2台精彩节目。

中国民俗文化村

国内第一家民俗风情园

微印象

@携程张枫 民俗村是整个景区的灵魂所在，每个民族都有一个自己特色的寨子，每个寨都有民族特色的表演，特别是《金戈王朝》，很有震撼力，令人热血沸腾，《东方霓裳》更是婀娜多姿，令人陶醉。

@lwbsl 民俗村3个大型表演真的是很震撼，好看极了。其他各民族的民族特色表演也不错，印象最深的是佤族表演，看了他们的表演后觉得此次深圳之行非常值得。

门票和开放时间

门票：65元。开放时间：平日10:00—21:00，周末9:30—21:00。

进入景区交通

位置：深圳市南山区深南大道。

地铁：可搭乘地铁1号线在华侨城站下车，然后走D出口出站。

景点星级

美丽★★★★★　休闲★★★★★　刺激★★★★　浪漫★★★★　特色★★★★　人文★★

    中国民俗文化村与锦绣中华仅一墙之隔，是中国第一个荟萃各民族民间艺术、民俗风情和民居建筑于一园的大型文化游览区，占地20万平方米，现有20多个村寨，均按景观的1:1建造。

    村寨给人一种身临其境的感觉，这里有汉族的牌坊群、北京的四合院。各少数民族村寨更具特色，在苗族、侗族、瑶族、佤族、黎族、景颇族的村寨里，忙碌的少数民族姑娘和小伙子们热情地接待着国内外客人；白族、藏族、纳西族、朝鲜族、高山族的民居建筑风格各异，人们不时拍下了一张张照片；还有布依族的石头寨，哈尼族的"蘑菇房"，傣族的竹楼，哈萨克族的毡房，土家族的水上街市，蒙古族的蒙古包，藏族的喇嘛寺，彝族的"土掌房""一颗印"等更吸引无数人入房参观，了解中国各民族的风土人情。

    走进民俗文化村，一不小心便会成为彝寨《阿诗玛的故乡》的新郎，粗心大意便会在泼水节里全身湿透，当然也可以成为佤寨风情里《神奇的阿佤山》的神奇人物。在此可以学习民间工艺品制作，品尝民族风味食品，观看马战实景《金戈王朝》、大型民族音乐舞蹈《东方霓裳》、大型广场艺术晚会《龙凤舞中华》，亲自体验舟船风情河、飞瀑溜索民俗风情的独特魅力。通过民族风情表演、民间手工艺展示、定期举办大型民间节庆活动，如中华民族大庙会、泼水节、火把节、西双版纳风情月、内蒙古风情周等多种方式，多角度、多侧面地展示出我国各民族原汁原味、丰富多彩的民风、民情和民俗文化，让游客充分感受中华民族的灵魂和魅力。

攻略

    村内每月都会举行一次像火把节、泼水节一类的大型民间节庆活动，所有景点的节目全部由真正的当地民族演员表演。村内每个时段还会有免费的不同民族的表演，下午中心剧场的《东方霓裳》和晚上凤凰剧场的《龙凤舞中华》尤其精彩。

主要演出一览

表格1：大型表演

节目名称 / 演出信息	节目简介	演出地点	演出时间	票价
金戈王朝	数百名专业演员和近百匹战马组成的强大阵容，在效果烟火、音响、舞美等特技手段的配合下，展示了一幅惊心动魄壮阔的历史战争场面	海边马战表演场	14:00、16:00	周一至周五免费，周末及节假日收费：普通席30元/张，贵宾席60元/张
新东方霓裳	是锦绣中华民族艺术团推出的集民族服饰、舞蹈、音乐和舞美于一体的大型民族服饰舞蹈诗，被誉为永不落幕的"中国名剧"	印象中国剧场	17:00	普通席免费（法定节假日80元/人），贵宾席80元/人
龙凤舞中华	将声、光、电、水等现代舞台手段悉数用尽，让舞蹈、杂技、魔术等艺术手段共聚一堂，是五千年中华情结的扛鼎力作	凤凰剧场	19:30	普通席免费（法定节假日20元/人），贵宾席50元/人

表格2：民俗村寨表演

表演地点	演出时间	表演地点	演出时间
彝寨	14:00、15:50	苗寨	13:00、16:20
黎寨	13:20、16:30	维吾尔族民居	10:30、15:00、16:15
藏族民居	11:00、14:40、15:40	佤寨	12:20、14:30
傣寨	11:30、16:00	纳西民居	13:30、16:10
水上巡游	15:00（周五至周末演出）	—	—

演出时间若有调整，以景区当天公告为准

中国民俗文化村示意图

攻略

美食 饕餮一族新发现

民俗村内有几家民族特色餐厅，可在里面品尝一下民族特色菜。

天一阁餐厅：中国民俗文化村园内最大的餐厅，拥有120多张围台，可一次性接待1400多人同时就餐，并设有供数十人专享的豪华包房8间。餐厅以云南特色菜系为主，荟萃滇、川、湘、粤等多个地方精品菜系。

锦园食府：荟萃餐饮百年老店，传奇中华特色美食。富春楼、狗不理、潮皇轩、杏花村、锦记鱼翅捞饭……让人们在欣赏美景之余感受中国美食文化的博大精深。

傣寨风味食街：潺潺溪流边，傣家少女轻歌曼舞，对面的食街飘来阵阵清香，空气中充满了南国水果和特色美食的气息，泼水粑粑、过桥米线、竹筒饭……样样小吃都让人嘴馋！

朝鲜风味餐厅：全套韩式餐厅服务，朝鲜族建筑风格浓郁。餐厅特聘朝鲜族一级厨师，精心烹制朝鲜族原汁原味的料理、泡菜、韩国烧烤等风味菜式。

行程推荐 智慧旅行赛导游

北京四合院
朝鲜族民居
穆斯林建筑
维吾尔族民居
喇嘛寺

❶ **快速游览路线**：维吾尔族民居—藏族民居—陕北窑洞—佤王府—哈尼寨—纳西民居—侗寨—苗寨—石林—彝寨—壮寨—傣寨—徽州街。

❷ 由于锦绣中华与民俗村两处景点为一票制，人们一般都会一起游玩这两个景点，游览路线为：

12:30前参观锦绣中华景区，路线：九龙壁—锦绣花园—莫高窟—世界名人植树园—黄山—寒山寺—圆明园—长城山海关—故宫—布达拉宫，然后在民俗村内用午餐。

13:30后游玩民俗文化村，路线： 维吾尔族民居—藏族民居—马战表演场（观看14:00"金戈王朝"）—佤王府（观看"快乐小岩侃"）—哈尼寨—摩梭人木楞房—侗寨—苗寨—石林—彝寨（观看15:50彝寨表演）—壮寨—傣寨—徽州街。

17:00—17:55在印象中国剧场观看"东方霓裳"表演，18:00—19:10用餐，19:30—20:25在凤凰广场观看 "龙凤舞中华"表演。

世界之窗

世界名景尽享于此

微印象

@魔鬼冰淇淋 都是微缩的世界各地著名风景，适合拍照，是深圳非常有代表性的地方，所以来深圳，一定要来这里！

@yinzongcai 非常佩服深圳人的创意，深圳本没有什么值得称道的历史人文和自然景观，他们却创造了这两个吸引各地游客的主题公园，来深圳一定要来世界之窗。

门票和开放时间

门票：日场200元，夜场100元。

开放时间：平日9:00—22:00，节假日9:00—22:30；夜场入园时间为19:30（如遇大型活动，则以当日公布为准）。

进入景区交通

位置：深圳市南山区深南大道9037号。

地铁：市区内乘坐地铁1号线（罗宝线）、2号线（蛇口线），从H1、I或J3个出口出站均可。

景点星级

美丽★★★★★　休闲★★★★★　浪漫★★★★★　特色★★★★　刺激★★★★　人文★★

世界之窗位于深圳湾畔，占地面积48万平方米，将世界奇观、历史遗迹、古今名胜、自然风光、民居、雕塑、绘画以及民俗风情、民间歌舞表演汇集一园，再现了一个美妙的世界。

景区按世界地域结构和游览活动内容分为世界广场、亚洲区、大洋洲区、欧洲区、非洲区、美洲区、现代科技娱乐区、世界雕塑园、国际街九大景区，内建有118个景点。公园中的各个景点都按不同比例自由仿建，精巧别致，惟妙惟肖，每一个景点都是一首凝固的交响诗，那些异彩纷呈的民俗表演则是一幅幅活泼生动的风情画。

小贴士

如果想要观看晚上的歌舞晚会，建议提早在中华门附近换票处凭门票免费预订座位。晚会时间为19:30—20:45，17:00后接受订座。夜场门票只要80元/人，如果只想看晚上的表演，可以晚上进来。

① 世界广场—国际街

世界广场108根意蕴深远的廊柱，1680平方米象征世界文明的浮雕墙，6座代表不同文化的城门和镶嵌其中的全景式环球舞台，大气磅礴，肃穆威严。历史的长河浩如烟海，承袭着凝重与庄严，裹挟着科技与梦幻，诉说着人类的过去、现在和未来。

国际街以世界各地民居建筑风格为主体，集教堂、集市、街道于一处，是供游人小憩和购物的好地方，步入国际街，人们仿佛置身于欧洲、亚洲那些异国以及伊斯兰风情的浪漫之乡，无处不弥漫着古老而悠远的异域情调，执目而望，欧洲中世纪风格的建筑矗立身旁，造型独特；沿街而上，错落有致，每一栋都彰显着个性，耐人寻味。风姿绰绰、名副其实的欧式建筑街区，就这样不期然地鹤立眼前。

攻略

1.在国际街上可以品尝到法国、意大利、奥地利、俄罗斯、日本、泰国、韩国等不司风味的大餐，及德国啤酒、美国夏威夷雪糕。这里还汇集了世界各国精巧的工艺品、旅游纪念品，琳琅满目。

2.景区内前广场寄存处和中华门咨询中心有行李寄存服务，单件10元/次（天）。

② 亚洲区—大洋洲区

亚细亚，美丽而神秘的东方。日本皇居——桂离宫演绎皇室的奢华，传统的茶道、花道展演着古老的扶桑情韵。金碧辉煌的缅甸仰光大金塔，无不讲叙着王朝的兴盛。印度，一个被故事浸染的国度，摩多哈拉圣井让我们洗净灵魂的尘埃，泰姬玛哈尔陵让世人目睹爱情的绝唱，世界一奇观。东南亚水乡营造出浓郁的亚洲风情让我们品尝丰收的成果、聆听生命的歌唱。

横跨蔚蓝色的水域，迎接人们的是神奇的澳洲大陆。在百米喷泉的沐浴下，蹲伏在海岸边的悉尼歌剧院如芙蓉出水般美丽，独特的贝壳造型让人联想起珍珠的晶莹，同直冲云霄的百米喷泉、变幻迷离的艾尔斯变色石互相映衬，动人美景令人流连忘返。

攻略　休闲娱乐

1.景区内的阿尔卑斯冰雪世界内可进行滑冰、滑雪、观雪、嬉雪等活动。

2.景区内还可进行攀岩、水上步行球、射箭等娱乐活动。

3.亚洲区内的富士山数码影院每天都会上演4D影片《深海探险》，不仅给人们带来一个神奇的蓝色水世界，更是一次逼真的海底探险旅行，不可错过。

③ 欧洲区—非洲区

放眼欧洲区，文艺复兴的陈迹遍布视野。爱琴海的季风、地中海的阳光，编织成欧罗巴的交响；埃菲尔铁塔一柱擎天，凯旋门见证了历史的沧桑；意大利升起了我心中的太阳，圣彼得大教堂重复着创世纪的序言；华西里目睹了红场的巨变，奥林匹克山上的钟声为我们作证；人类文明之花是用鲜血浇注！

非洲美钻埃及——尼罗河之水喂养大的古老文明，金字塔是人类智慧的结晶；斯芬克斯石像，静穆地守护这片神奇的大地，留下了亘古难解之谜；阿布辛伯勒神庙讲述着一代王朝的兴衰，蠕动的驼峰让广袤的非洲大陆不再平静……

攻略

1.欧洲区宫廷园林旁汇集了欧洲各个历史时期的经典建筑，拥有极富人文气息的欧陆场景。

2.旅游纪念品专店主要集中在埃菲尔铁塔、阿尔卑斯山旁的巴黎春天一条街及罗马假日广场。

3.每逢星期六、日及假期（20:45—20:50）欧洲区的凯旋门会有烟花表演。

④ 美洲区—雕塑园区

美洲区尼亚加拉大瀑布的流水声，将人们牵引到现代文明与古老文化交相辉映的美洲。墨西哥的武士们端庄而凝神，巴西基督山上圣洁的灵魂昼夜守护着众生。美国国会大厦、白宫、华盛顿纪念碑让你触摸到美利坚；纽约曼哈顿林立的高楼折射出现代的光辉；总统山上的总统们会心地笑了，自由女神也笑了。

雕塑园掩映在绿荫丛中，园内郁郁葱葱的荔枝林与来自五大洲近百尊著名雕塑作品相映成趣，共同营造了环境优雅的艺术殿堂。从罗丹的上帝之手到米开朗琪罗的被缚的奴隶，从拿破仑之妹到神秘的三星堆铜人，展示着不同民族的智慧和审美情趣。

攻略

1.美洲区值得游玩的地方较多，可以多点时间游览。

2.在环球舞台每天都会上演大型晚会《天地浪漫》、狂欢世界、夜秀等；各个主题区内还会上演不同的民族风情舞蹈；世界广场每逢节假日则会上演世界狂欢大巡游，非常热闹。

在世界之窗，意大利的水城威尼斯，法国的埃菲尔铁塔，抑或是印度的泰姬陵，世界各地最著名的地标建筑你都可以一览无余。

专题 节庆活动

春季·风车节

每年 3~4 月，在世界之窗里，各式各样的风车在成片的花海里随着春风悄悄地转起来，春的气息触手可及。从前广场巨大的荷兰风车、路旁列队迎客的小风车，到日本园的五彩风车、欧洲区各大主题风车园，春天里的世界之窗已是风车的海洋。

夏季·国际啤酒节

每到炎炎夏季，世界之窗便成为了深圳独一无二的巨无霸演艺酒吧，凯撒宫现场人头攒动、气氛火爆，空气浸染啤酒浓浓的清香，全场演出精彩绝伦，高潮迭起，啤酒节的狂欢气氛在鹏城上顶翻天，将鹏城狂欢夜生活进行到底。

冬季·冰雪节

冬季时，可以尽情地在阿尔卑斯冰雪世界里滑冰滑雪，看冰雕雪雕五彩冰灯，玩各式冰上游戏，过一把十足的冰雪瘾。冰雪节活动串联了圣诞、元旦等节日，届时景区还会有圣诞专场焰火晚会、跨年音乐盛典、元旦冰雪狂欢大巡游等丰富多彩的活动，掀起冬日鹏城冰雪狂欢。

黄金周（春节、五一、国庆）·世界风情文化节

世界之窗每年黄金周都会推出盛大的世界风情文化节，非洲风情文化节、威尼斯风情中国年、加勒比海风情文化节、欧洲缤纷季、法兰西风情文化节……每个文化节庆都吸取国外特色节日精华。最不能错过的是黄金周期间每天下午 4 点整在环球舞台上演的世界风情狂欢嘉年华，整个嘉年华将以花车、彩车游行、音乐舞蹈表演及游艺活动为主，狂野的康康舞、热辣的桑巴、摩登的法兰西时装秀等激情上演，一场视觉饕餮盛宴让你大饱眼福。

攻 略

景区交通 游遍景区不犯愁

景区内交通设施齐全，有高架单轨环游车、游览车、古代欧式马车、吉卜赛大篷车、老爷车、单桨木船、橡皮筏等，为游人提供代步服务。

铁塔电梯、单轨车、电瓶车20元/（人·次）（节假日30元）；电瓶车包车280~880元/时不等（节假日350~1080元），具体收费以人数为准；老爷车包车（1~40人）1200元/时（节假日1600元）；双座自驾代步车90元/时（节假日120元）。

美食 饕餮一族新发现

世界之窗内荟萃了中、西饮食文化的精华，让人们在游乐之余还能品尝各种美味，主要餐厅有凯撒宫、铁塔餐厅、水乡泰国餐厅、面馆等。

凯撒宫中餐厅以经营粤菜、川菜为主及各种饮料、酒水等；瀑布外卖厅经营烧烤、饮料、烤法兰肠、热狗肠、热狗包、茶叶蛋、卤鸡腿、玉米棒、刨冰、雪糕、椰青等；面馆主要经营各式拉面、各式水饺、各式凉盘、各种饮料等；荷兰餐厅主要经营咸蛋四宝饭、蜜汁叉烧、烧骨饭、烧鸭饭、湛江鸡饭、牛腩饭、烧味双拼饭、烧烤、汤面、粉及各种饮料、雪糕、椰青等；水乡餐厅主要经营猪、鸡扒饭、牛腩饭、烧骨饭、麻香排骨饭、各式汤面、粉、烧烤、甩耙及各种饮料、雪糕等。

行程推荐 智慧旅行赛导游

动感娱乐之旅：正门入口—穿越欧罗巴—金字塔探秘—印加迷城攀岩场—亚马孙丛林穿梭—飞跃美利坚—重返侏罗纪—阿尔卑斯冰雪世界。

浪漫艺术之旅：正门入口—日本风情歌舞—东南亚民俗歌舞—大洋洲歌舞—非洲民俗歌舞—印第安土风歌舞—世界风情歌舞—铁塔、凯旋门—《盛世纪》。

华·美术馆

深圳顶尖艺术展馆

微印象

@jingzi0131 美术馆外形呈蜂窝状，颜色为酷黑色，整体很有现代感。里面的展品也都很有艺术感，有些展品很有视觉冲击力，那次去看的展品颜色的对比很强，可以说是大型"撞色"！

@死的蚊 都市实践做的美术馆，经常举办各种美术及设计类展览，算是深圳举办此类展览较多的美术馆了，风格相对前卫。

门票和开放时间

门票：15元（特殊展览另定）。开放时间：10:00—17:30（周一闭馆，节日期间照常开放）。

进入景区交通

位置：深圳市南山区华侨城深南大道9009号。

1.公交：乘坐234、338、369等路公交在何香凝美术馆站下车步行即到。

2.地铁：乘坐地铁1号线在华侨城站下车C口出即可。

景点星级

美丽★★★★★　休闲★★★★★　浪漫★★★★　特色★★★★　人文★★★★　刺激★★

华·美术馆的仿生外形酷似蜜蜂的巢穴，因此又被称为"蜂巢"。美术馆是由旧厂房经过改造而成，六边形钢结构重叠组合的玻璃幕墙在旧有建筑外构筑一个独立表皮，在新锐的建筑外形下保留了过去建筑的历史和意义。美术馆毗邻何香凝美术馆、深圳华侨城洲际大酒店以及三大文化旅游景区"锦绣中华""中国民俗文化村""世界之窗"，与何香凝美术馆、OCT当代艺术中心共同构筑起一个在文化艺术资源上相互补充、联动发展的"艺术三角"。

改建后的美术馆将单一的原始六边形通过复杂有机的组合形成由实至虚、由小到大、多层次渐变的三维视觉效果，从而在车辆由西至东快速通过的瞬间，形成强烈的视觉冲击力，通过立面结构的缩小放大，逐层递减，如同面纱般轻轻揭开，最终透出原建筑立面的戏剧性变化过程。

美术馆建筑面积达3000余平方米，其中可控温展厅面积达2000平方米。同时拥有可控温画库，具备艺术品展示和收藏的专业化环境和条件。

攻略

1. 美术馆门口有一些设计类图书和小摆件卖。
2. 可以在服务台留下自己的电话和邮箱，每当有新的展览在华·美术馆展出，就能收到免费邮件和短信提示。

点赞

👍 sayonala 华·美术馆位置很好找，外墙很特别，一眼就能发现。进去后里面空间非常大，展览很有趣，有很多奇思妙想和各种创意，非常值得一看！

👍 麻辣鱼135 刚开馆的时候去了一次，之后又去了一次，建筑风格很现代，周末有空去里面溜达一下还是很不错的，可以接受一些新鲜信息。

何香凝美术馆

中国第一座以个人名字命名的美术馆

门票和开放时间

门票：平日免费，一般展览免费，收费展览10—20元。开放时间9:30—17:00，16:30后禁止入馆，周一闭馆。

进入景区交通

位置：深圳南山区华侨城深南大道9013号。

1.公交：乘坐234、338、369等路公交在何香凝美术馆站下车步行即到。

2.地铁：乘坐地铁1号线在华侨城站下车C口出即可。

景点星级

休闲★★★★★　人文★★★★★　美丽★★★★　浪漫★★★★　特色★★★　刺激★★

何香凝美术馆是中国第一个以个人名字命名的美术馆，也是继中国美术馆之后的第二个国家现代博物馆。美术馆坐落在华侨城，毗邻世界之窗，场馆建筑面积5000余平方米，整个建筑采用灰、白两色调，典雅、庄重；外观凹进的墙面与凸出的玻璃盒子形成强烈的对比，长长的弧形墙面上开出长方形的洞口，墙后数十株竿青翠竹随风摇曳。

何香凝美术馆以何香凝艺术作品的收藏、研究、展示为基本学术工作，拥有国内外现存数量最多和最重要的何香凝艺术作品，集中了艺术家长达60多年创作生涯中的代表性作品及相关文献，既是何香凝艺术创作的完整体现，也是研究何香凝及相关艺术家的重要资料。

场馆共3层，设有主展厅、副展厅、咨询厅、贵宾厅、多功能报告厅、藏品库、画室、美术培训中心、裱画间以及咖啡厅、书店等配套设施。

链接　何香凝小传

何香凝（1878—1972），原名谏，又名瑞谏，祖籍广东南海（今广州），生于香港。廖仲恺夫人。早年加入同盟会。辛亥革命后，参加护国战争和护法运动。孙中山逝世后，坚决执行联俄、联共、扶助农工的三大政策，同国民党右派作斗争。皖南事变后发表宣言，严斥蒋介石策动内乱的阴谋。1949年出席全国政协第一届全体会议。她擅长绘画，曾任中国美协主席。所作山水、花卉，笔致圆浑质朴。能作诗，与廖仲恺著作合编为《双清文集》。

美术馆宽广的广场与中国民俗文化村西门入口相连接，是人与人交流、活动的生活化空间，并通过十几个宽大的花岗岩台阶和20余米长的人行天桥，将参观者一步步引入了馆内。

在进入主展厅之前，首先看到的是一个四合院式的中庭，中庭的南北中轴线与人行天桥和主展厅的中轴线相吻合，使该院成为重要的过渡空间。中庭三面采用大面积的木棂窗门，不仅洋溢着东方庭院的逸趣，且使室内、室外互相呼应，从而丰富了参观者的视觉效果。

室内设计充分借用外环境的优美景致，当参观者欣赏2楼的展品后，拾阶而上3楼，楼梯的正前方，通透的大玻璃将民俗村的石林借进来，宛若一幅活的山水画。

解说

公共大厅等处的屋顶使用了玻璃天棚，在天棚下，游人可见蓝天、白云，通过阳光的照射，建筑映照在地面和墙体上产生的光影，增添了室内空间的趣味性。

点赞

👍 辣椒炒香肠 美术馆就在世界之窗前面不远，而且是免费对公众开放的，里面有很多何先生的作品，欣赏了山水名画，不愧是出自名家之手，确实画得很好！

👍 jennyzuma 美术馆环境高雅，是进行艺术熏陶的好地方，平常举家来看看书画展，是一种享受，也是提升生活品位和追求的好办法。

OCT-LOFT创意文化园

天马行空的文艺阵地

微印象

@Soonyan33 听一首春的乐曲，赴一场创意的盛宴。华侨城创意园一直吸引着不同的人群，这里聚集了文艺范、小清新、新新人类等，被贴了不同的标签，但共同的特点便是"创意"。

@小丫快跑 创意园算是最近深圳被很多文艺青年推崇的地方了，由旧厂区改建而成，类似于北京的798，小资情调十足。

门票和开放时间

门票：免费。开放时间：全天。

进入景区交通

位置：位于深圳华侨城东北部，东邻侨城东路，北靠侨香路。

1.公交：市内可乘坐101路、113路、东部假日专线1、观光巴士线、1路观光巴士等康佳集团站下车，后步行前往。

2.地铁：乘坐地铁1号线在华侨东站A出口下车；乘坐地铁2号线在华侨东站B出口下车。

景点星级

休闲★★★★★　　特色★★★★　　人文★★★★　　美丽★★★　　浪漫★★★　　刺激★★

OCT-LOFT华侨城创意文化园在变身之前，原本只是已经废弃的旧工厂，分为南北两区。2004年开始升级改造，通过将旧厂房改造为创意产业的工作室，即使旧厂房的建筑形态和历史痕迹得以保留，同时又衍生出更有朝气更有生命力的产业经济。2006年5月，华侨城创意文化园正式挂牌。

其中，创意文化园南区最先拥有40多家创意、设计和文化机构；北区则紧随其后，聚集了一大批涉及多个领域的前卫、先锋、创意、设计商家，书店、餐吧、家具店、酒吧、咖啡厅，应有尽有。同时，创意园区还会不定期举办各种展览、读书会、音乐会、讲座等活动，拥有深港双城双年展、爵士音乐节、创意市集、独立动画双年展等众多品牌活动。如今的华侨城创意文化园早已成为深圳青年最热衷的去处，被视作深圳的文艺地标。

❶ 旧天堂书店

旧天堂书店堪称深圳文艺青年最爱的独立书店。书店位于华侨城创意园二期A5栋，主营人文图书和独立音乐，还会不定期举办各种文化交流活动和独立音乐演出。在这里，你不仅可以与期待的书籍不期而遇，更能与满满当当的黑胶唱片和小众音乐CD来个亲密接触。

攻略

营业时间10:00—22:00。旧天堂书店不仅有各色书籍，还有精美的藏书印和藏书票出售，非常值得收藏。此外，这里几乎每周都会举办文艺沙龙，偶尔还能很庆幸的遇到知名作家在此举办签售会。

❷ T街创意市集

华侨城主办的T街创意市集是中国第一个周期最为密集的街区型创意市集，时间定在每个月的第一个周末在北区开街，已成为深圳最具人气和创意氛围的都市文化生活新聚点。创意市集不仅为原创设计师和设计团队提供了更广泛的交流和推广平台，也使很多学生和普通市民有机会参与到创意活动当中，切身体会创意为生活带来的乐趣。

每到开街时分，各形各色热爱创意的人群都会从四面八方聚集到这里，一边在熙熙攘攘的人群中寻找自己喜爱的小玩意儿，一边和设计师们谈论自己的创意心得，既淘好物也淘气氛。逛累了，到旁边的咖啡馆点上一杯咖啡，悠然地度过余下时光。

攻略

园区内除了各种创意门店和活动，美食也是非常多样，星巴克、茶堂小厨、一粥、My-Noodle等餐厅都是口碑非常不错的。岩陶、恋物志等独立小店也是非常受欢迎的购物门店。园区内还建有国际青年旅舍。

欢乐海岸

滨海狂欢新坐标

微印象

@浅浅_10 欢乐海岸是深圳新兴的景点，夜景尤其漂亮，有喷泉和大型水幕秀。整个逛完大概需要2-3小时，距离锦绣中华、世界之窗都非常的近。

@夜莺 欢乐海岸位于华侨城南面，离红树林公园很近。占地范围很大，环境配套很不错，有餐厅、商场、酒店、水秀表演、影城，整体感觉是一个高大上的公园和综合商场。

门票和开放时间

门票：《深蓝秘境欢乐水秀》普通区门票80元，海洋奇梦馆70元，欢乐海岸游船门票58元。

开放时间：周二至周五14:00—17:00；双休及节假日11:00—17:00，周一水秀停演，海洋馆周一上午闭馆。

进入景区交通

位置：位于华侨城园区内，毗邻锦绣中华等景点。

1.公交：市内乘坐45、49、m486、m487、m561路公交车可到。

2.地铁：乘坐地铁9号线到深圳湾公园站下。

景点星级

休闲★★★★★　　刺激★★★★　　特色★★★★　　美丽★★★　　浪漫★★★　　人文★★

欢乐海岸是深圳新兴的大型度假区，由购物中心、曲水湾、椰林沙滩、度假公寓、华侨城湿地公园五大区域构成。除了各种新奇的游乐设施，更有热闹非凡的水秀剧场、可爱萌趣的海洋馆和大型儿童职业体验区麦鲁小城、诗情画意的曲水街等众多景点聚集。来到欢乐海岸，吃美食、狂购物、观水秀、看萌宠，狂欢的一切需要这里都能满足你。

❶ 水秀剧场

欢乐海岸水秀剧场位于风光秀美的心湖之畔，可同时容纳 2500 人观看，是一座未来感十足、与海浑然一体的超大型水域舞台。这里几乎每晚都会上演梦幻大型主题水秀《深蓝秘境》。

《深蓝秘境》以"生命力盎然的红树林"为创意元素，讲述了一位都市少女和红树林精灵猴共同寻找拯救之歌的故事。大气磅礴的梦幻水景和灵动的多媒体表演技术，运用水幕、喷泉、烟火、音乐等共同呈现出一场无与伦比的水与火、光与影的视听盛宴。

小贴士

水秀剧场的表演时间为每天的晚上20:00，周一停演，演出时间为50分钟。

❷ 海洋奇梦馆

馆中最引人注目的是色彩缤纷的各种水母，幽灵水母、蛋黄水母、摇铃水母等近 20 个品种，非常漂亮。寄居蟹、海参、海胆、热带鱼等众多海洋精灵都能在这里近距离观看到。馆内的海狮剧场还设置有让孩子们参与"拯救海洋"的体验环节。

❸ 麦鲁小城

麦鲁小城是非常专业的儿童职业体验乐园，是一座迷你版的儿童城市。城中有数十座不同风格的房屋，也有热闹的街区和繁忙的交通。在这里，孩子们都拥有自己独有的身份证和银行卡，可以进行各种社会角色体验，包括警察、考古学家、消防员、记者、医生等。完成工作还能赚到一定数额的"麦元"，以换取城内的各种纪念品，非常受家长和小朋友的喜欢。

攻略

欢乐海岸作为一站式旅游度假区，特色餐饮和酒店会所自然不会少，曲水街是美食林立的街区，购物中心也有很多知名餐饮店。景区内高中低档酒店都有，也有休闲养生的高档会所，游客可以根据自己的喜好自由选择，非常便捷。

欢乐海岸将传统文化与现代建筑结合在一起，以水系贯穿其中，现代时尚感十足。

第 2 章
深圳
老城区

东门老街

地王观光·深港之窗

莲花山公园

深圳北中轴

深圳会展中心

深圳园博园

深圳红树林

梧桐山

深南大道

深圳深度游
Follow Me
慢旅行的好导书

东门老街

深圳最热闹的地方

微印象

@mobrmobr 东门老街现在已变成了东门商业街，但是古老的建筑仍然存在。在这里不仅能买到各式各样的小玩意，还可以看到深圳少有的老建筑。

@EL 如今的东门老街人山人海，挤得不可开交，但依然乐气融融。吃尽了各类小吃，逛了各条大街小巷，走进各种商场小铺，开心！

门票和开放时间

门票：免费。开放时间：全天。

进入景区交通

位置：深圳市罗湖区东门中路与解放路交界处。

地铁：乘坐地铁1号线、3号线，在老街站下，由A出口出站即可。

景点星级

休闲★★★★★　美丽★★★★　浪漫★★★★　特色★★★　人文★★★　刺激★★★

古代深圳的根，在南头老城；而近代深圳的根，则在"深圳城"，这个"深圳城"就是俗称的"东门老街"。老街上很多古建筑经过重建、修复，保留了浓郁的岭南建筑特色。如果人们在这里逛逛，深圳的历史性与现代感将尽收眼底。

所谓老街，其实不是一条街，而是指深南东路以北、立新路以南、新园路以东、东门中路以西17.6万平方米范围内的17条街道和所有商业设施。透过次第林立的店铺、熙攘的客流、摆满街面的各色传统商品和曲折幽深的小巷，可见具有鲜明岭南特色的民居、骑楼、庙宇、书院、祠堂、古钟、石板路和有百年生命的古树。街街成市、家家有店，最高峰时，日客流量达到了几十万人次，品种齐全、价廉物美的商品使"不逛老街等于没来深圳"成了市民的共识。

街区现在包括8条市政道路、1条风貌街和3个大型的休闲广场以及众多百货商城，如太阳百货、茂业百货、天虹商场，还有各种形式的专卖店等，成为保留了传统韵味的现代化商业步行街区。

攻略

东门休闲的地方有人民公园、工人文化宫、儿童公园、罗湖文化宫，盛开的鲜花、常青的绿树、清澈的湖水都会让人忘却都市的烦嚣，返回大自然。深圳戏院、人民电影院也坐落在东门，东门还有各种各样的KTV、迪斯科舞厅、俱乐部、电子游戏室等，为人们提供了更丰富的娱乐场所。

❶ 太阳百货

太阳百货位于东门步行街上，其东大门紧贴步行街十字中轴线上，西大门正靠步行街西入口和地铁老街站，也是深港免费直通大巴和市内观光旅游大巴的指定停车站，北大门直临老街中心最繁华地段，南大门相距主动脉深南路仅百米之遥，是深圳第一商圈东门商圈中地理位置最佳、购物环境最好、经营业种和服务功能最齐、顾客满意度指数最高的商业广场。商场聚集了多种零售业态：时尚百货、超市、国际品牌名店、电玩世界、电影院、美容美发、主题餐厅、水吧等，是集"购物、餐饮、观光、娱乐、休闲"等多种功能为一体大型休闲购物商业广场。

❷ 风貌街

位于人民北路一横街和二横街之间的风貌街是"边陲小镇"的历史缩影，再现了"边陲小镇"的历史。风貌街花岗石铺地，人民北路两侧的横街口有街道门楼，作为"老街历史博物馆"的"思月书院"也在风貌街区内。街头环境小品、雕塑设计等件件精雕细刻，游人置身于风貌街，能强烈感受到当年古城闹市的文化氛围。

Follow Me 深圳深度游

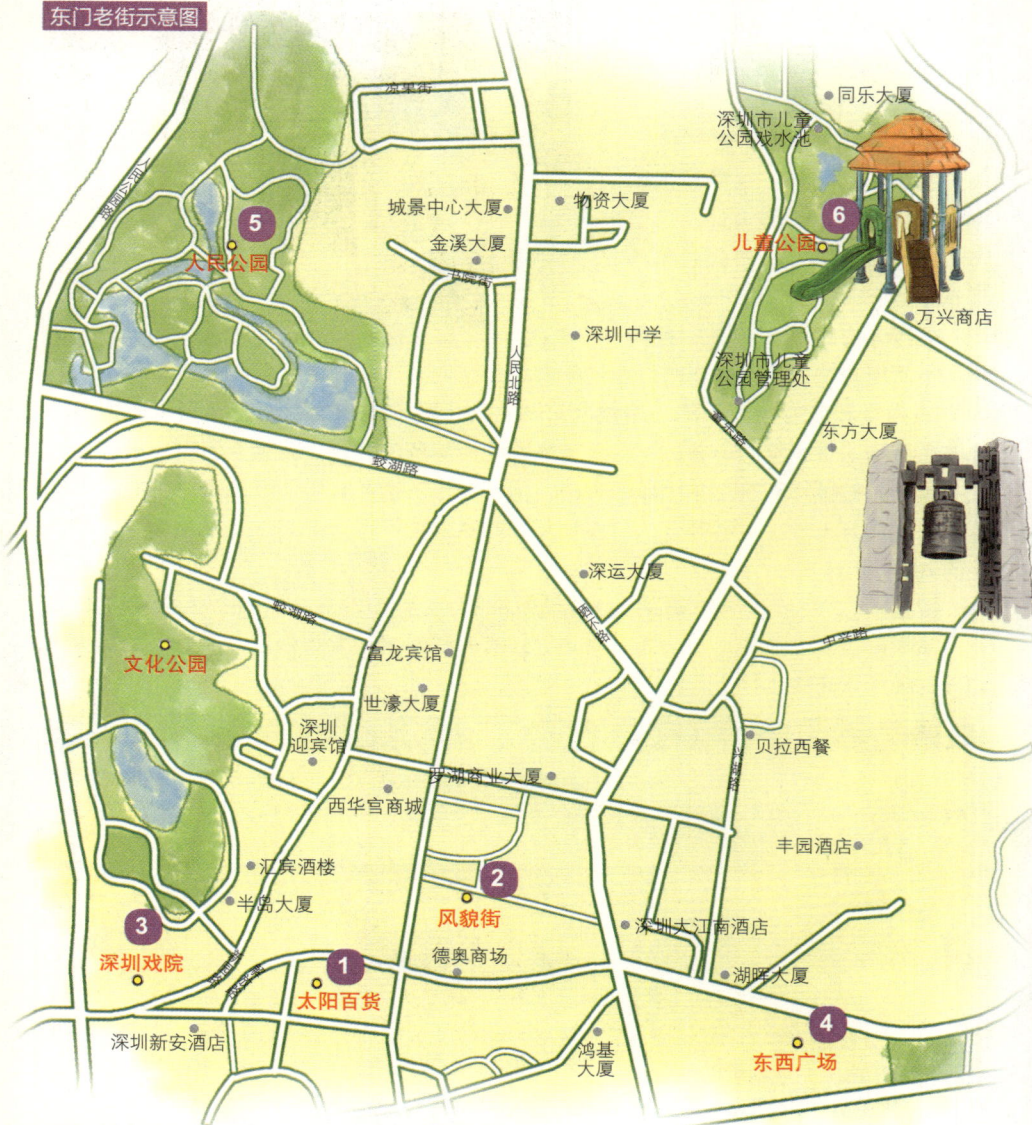

东门老街示意图

5 人民公园
城景中心大厦
金溪大厦
物资大厦
深圳中学
6 儿童公园
同乐大厦
深圳市儿童公园戏水池
深圳市儿童公园管理处
万兴商店
东方大厦
深运大厦
文化公园
富龙宾馆
世濠大厦
深圳迎宾馆
罗湖商业大厦
西华宫商城
汇宾酒楼
半岛大厦
贝拉西餐
丰园酒店
2 风貌街
德奥商场
3 深圳戏院
1 太阳百货
深圳大江南酒店
湖晖大厦
深圳新安酒店
鸿基大厦
4 东西广场

3 深圳戏院

　　深圳戏院坐落于东门步行街口，戏院内设有1个专业剧场、3个微型影视厅、1个小电影厅，是理想的专业文艺表演和电影放映场地。戏院采用美国科视最新放映系统，成为罗湖区首家双机3D巨幕影厅。

攻略

与深圳戏院同一大厦内的中海商城的百余间国际名店、中式酒楼、日本餐厅、电子娱乐场所，是人们休闲、娱乐、购物的好去处。

❹ 东西广场

老街东西两个广场——老街广场和时代广场，为东门老街拓展出了"呼吸空间"。广场由大王椰、风信子、百合、郁金香等名贵花木和喷泉、雕塑、休闲亭组成，形成商业街独有的美丽街心风景。两个广场还分别设置了一座以时间为主题的青铜大钟雕塑，体现历史文化与现代文化的冲撞。大钟早晚会各敲响一次，早上鸣钟表现人们对新的一天的希望与祈盼；晚上鸣钟表现人们一天的辛劳与收获，体现了时间就是金钱、效率就是生命的丰富内涵。

点赞

👍 fanlifl 这旦算是深圳的招牌购物大街，每天到处都是人。在这里还有好多特色的小店以及批发市场，虽然感觉有点乱，但人多才有买气，才有逛街乐趣。

👍 sdzppr 3344520 东门老街人流量极大，是深圳的购物天堂，无论有钱没钱，都有属于你的价格空间，都能让你空着手来，扛着回去！

❺ 人民公园

人民公园与东门购物街仅一街之隔，是深圳市内最早建成的公园之一。公园占地面积13万多平方米，其中水体占全园的1/3，是一个以月季花观赏、栽培、研究为特色的市级专类花木公园。全园共划分5个功能区：月季园景区、运动康乐区、游览休闲区、育种区及园务管理区，共计20余处园林景点，园内山水相连，湖泊纵横，湖岸蜿蜒曲折，多种植物营造热带风情更令人陶醉。

攻略

1.公园内的溯月亭建在全园最高处，登上溯月亭顶层，公园全貌尽收眼底。

2.公园最大的特色是中央岛月季园内收集的全国各地上百种的月季，每年的12月初至次年2月末月季处于盛花期，月季园内百花齐放、万紫千红，引来无数游人前来驻足观赏。

6 儿童公园

儿童公园是深圳唯一以少年儿童为主要服务对象的市政公园，位于罗湖区童乐路12号。公园设有东、南、北3个大门，园内有适合幼儿的游乐场、戏水池，有少年儿童爱好的航天飞机、摩天轮冲浪，

各类电动游乐设备如自控飞象、双人童车、金龙滑车、自控飞碟、小火车、小飞机等最受小朋友的欢迎，而且较为集中，方便父母看管小朋友。每逢节假日，儿童公园内喜气洋洋，充满游人和孩子们的欢声笑语。

解说

除了儿童游乐项目，公园内还有乔木、灌木40多个品种，主要是常绿阔叶树，还有10多种棕榈科植物，如大王椰、假槟榔等；落叶树种有落羽杉、大叶榕；灌木有山瑞香、龙船花等。

攻略

美食 饕餮一族新发现

东门小吃街汇聚了全国各地的餐饮风味，摊档有数十个，花样品种有数百种，国内美食有重庆的酸辣粉、武汉的鸭脖子、成都麻辣烫、陕西肉夹馍、天津煎饼果子、台湾小吃；国外美食包括韩国铁板烧、中东烤肉、美国薯泥、日本饭团、章鱼小丸子等，让人垂涎三尺。此外，位于东门中路旺角购物广场拐角处的旺记风味小吃是从东边进入步行街的要塞之一，这里的酸辣粉闻名深圳。

重庆八哥酸辣粉（东门步行街店）：用小纸碗盛的，没有位子，就是在靠边的地方站着吃。粉的味道有一点酸辣，但是很开胃，粉条很滑，很有弹性，里面放了肉末和榨菜，很鲜，花生米和香菜也增加了香气。位置：罗湖区东门步行街二横路2-1号（近旺角购物广场）。

日之船章鱼小丸子（东门店）：东门有多间卖章鱼小丸子的小店，但是这间的人气较盛。章鱼小丸子是现做的，吃在口里，酥酥热热的，有点刺激。另外，他家的烤鱿鱼及潮州炸豆腐也不错。位置：深圳罗湖区东门步行街。

龙记桂林米粉店（立新路店）：最正宗的一家桂林米粉店。位置：罗湖区东门新园路（近明华广场）。

东门小吃街：全国各地的小吃在这里都可以吃到，哈尔滨烤冷面、天津煎饼果子、武汉热干面、珠海生蚝等，在这里从南吃到北、从东吃到西，价格也不贵。位置：深圳市罗湖区东门

地王观光·深港之窗
深圳老牌地标

微印象

@hmily333 地王大厦曾经是深圳最高点，在梧桐山的时候就看到地王大厦高耸。城市观光还是在晴天的视野比较开阔，晚上看城市夜景也是个不错的选择，建筑物本身也可以单独作为一个景点来欣赏！

@麦兜兜 站在地王顶层看着深圳夜晚的美景，实在美得很迷人，站在最高处望着最远的地方，忽然会发现世界很大，目光应该放远一点。

门票和开放时间

门票：80元，所有游乐项目一票通玩。开放时间：8:00—23:00（最迟入园时间22:00）

进入景区交通

位置：深圳市罗湖区深南东路5002号信兴广场商业中心地王大厦第69层。

地铁：乘坐1号线到大剧院站D出口或2号线大剧院站C出口出站即可。

景点星级

刺激★★★★★　　浪漫★★★★★　　休闲★★★★★　　美丽★★★★　　特色★★★　　人文★★

地王大厦正式名称为信兴广场，是一座摩天大楼，因信兴广场所占土地当年拍卖拍得深圳土地交易最高价格，被称为"地王"，因此公众称之为"地王大厦"。大厦顶层是亚洲第一个高层观光区，伴着悠扬的乐曲乘上电梯，只需50秒，便可到达384米高的地王大厦69楼最顶层。

360度全方位视野，蓝天白云下，深圳河犹如一条流动的绿色纽带紧紧地连接着深港，春笋林立般的深圳都市建筑，交通纵横、车水马龙；香港风光秀美、色彩为亮丽、动静相宜，形成一幅美丽的环型画面。

地王顶层的观光项目，不同于电视塔单纯的登高望远，也不同于一般高层建筑的餐饮休闲，它创新地发掘了深港两地的人文地理景观和历史文化、都市文化的底蕴，运用国际旅游休闲的新颖高技术手法，以"深港之窗"作主题的形象展示，将时间纬度和空间纬度融为一体，将深港区域性历史文化，现代都市商业、休闲文化、高空观光的高科技文化结合为一处，开创了国内高层观光的旅游新竟界。

该项目以高空休闲文化为特色，集娱乐性、主题性、教育性、观光游乐于一体，在国内具有独创性和首创性，在深港具有唯一性。地王观光设有15个分主题游乐区：

世纪创举——看伟人不动声色的世纪交锋，观百年风云挥洒于谈笑之间。以天安门广场和香港岛中环的大型电脑喷画为背景，邓小平与撒切尔夫人亲切交谈的仿真蜡像造型，表现出世纪伟人运筹帷幄、把握重大历史转折的雄才伟略的气度风范。

深港巡礼——日新月异的国际商港，一夜新城的开放之窗。迎面墙上是江泽民与董建华亲切握手的壁画图片；9个屏幕组成电视屏幕墙，配以轻快的音乐，循环播放深港巡礼的短片。

南望香港——俯仰百年都市风光，远眺岭南明珠秀色。在半弧形的墙面上镶有香港20世纪历史发展画卷；6架高倍望远镜，可南眺香港。

深港百年——再观深港世纪风云，一览两地百年历史。配以环绕立体声音响，多个宽银幕放映"香港割让""九龙强租""香港回归""首届特区政府成立""深圳经济腾飞"等重大历史题材的纪录短片。

深港通衢——海陆空通衢要冲，东南亚交通枢纽。特别的环境装饰和特殊的拟声效果，丰富多彩的模拟趣味游戏，参观者可以充任机场导航指挥员、货柜码头调度员、司机等角色，通过亲身经历和感受对深港两地先进、发达的交通状况有个较直观的认识。

商机无限——机遇与挑战并存，商机与风险共生。通过突出中国银行、汇丰银行建筑的中环金融区商人的繁忙及股票交易所内的紧张气氛，表现深港宝地商贸金融体系完备，是国际上最佳商机集中

地王观光示意图

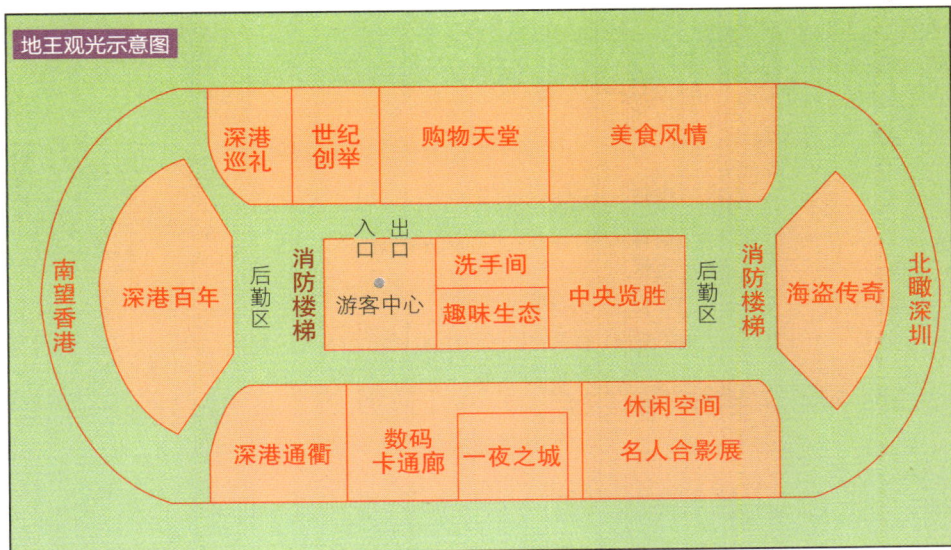

之地。

湖光山色——岭南佳景，都市风情。

一夜之城——八方移民荟萃一炉，四面来风新兴热土。通过深圳改革开放和发展的大型画卷——"深圳速度""一夜之城"，展示深圳从当年的小渔村一跃成为世人瞩目的经济特色的世纪奇迹。

趣味生态——观飞禽走兽趣态，听自然言说真谛。通过对视听效果的处理及装饰，提醒人们在科技、经济高速发展的今天更应该注意保护环境、维护生态平衡。

中央览胜——鹏城十大美景，一楼尽得众胜。

休闲空间——动手参与的快乐，幽默好玩的休闲。

北瞰深圳——改革开放的独有风景，走向世界的希望新城。

海盗传奇——海上遭遇张保仔，惊心动魄死还生。

美食风情——兰桂坊美酒美食，乐逍遥港味欧风。

购物天堂——小巧新奇礼品多多，熙熙攘攘时尚休闲。模拟中英街，客人可以随意选购纪念品。

攻略

通过深港通衢可以让人们了解深圳和香港的一些交通工具及交通状况。里面还设置了绝对刺激的3D立体电影，如恐龙马戏团、深海迷航等共31部。

攻略

观光区内设有电影院，最新推出的多维电影《海盗传奇》是由迪士尼乐园设计公司倾心制作的影片，采用当今世界顶级设备立体播映，使观众获得前所未有的震撼感受。《深港百年》为国内首创数码叠化纪实影片，讲述深港两地同根同源、血脉相连的历史故事。

攻略

住宿 驴友力荐的住宿地

地王大厦附近酒店众多，各种档次齐全，住宿非常方便。如：

美豪酒店（深圳罗湖大剧院万象城店）：地处罗湖繁华之地，与京基100、地王大厦隔街相望，位置相当优越。酒店属于公寓式，房间布置温馨舒适，服务周到，性价比非常高。 电话：0755-88829300。

天熙高级商务公寓（深圳龙园创展店）：地处地王大厦商圈内，毗邻东门购物中心、深圳火车站、罗湖火车站。周边各类生活及商务配套设施齐全，交通便捷。高端公寓式酒店装修配置，让旅客尽享优质服务。电话：0755-22956780。

蓬客精品酒店（深圳万象城店）：位于罗湖区和平路深铁大厦内，毗邻罗湖火车站、罗湖口岸、万象城、金光华广场，紧靠地铁1号线国贸E出口。酒店距离深圳国际机场及蛇口码头仅需30分钟车程，周围交通四通八达，出行便捷。电话：0755-61864666。

美食 饕餮一族新发现

"兰桂坊美酒美食，乐逍遥港味欧风"。观光区内的兰桂坊是一处全深圳最高的、以香港著名实景名街冠名的吧式咖啡廊，音乐缭绕，茶香扑鼻，各类甜点令人垂涎欲滴，不可错过。

莲花山公园

放风筝胜地

@Zzz莉萍 公园在市中山区，山不是很高，但环境还是不错的，适合一家人去，可以放风筝，对老人和小孩都挺好的，上班的人周末到大自然休息下也是非常舒服的。

@单眼皮88 深圳市中心的一个公园，莲花山顶有伟人邓小平的塑像，在此留影很有意义。在山顶放眼望去可以看到整个市区中心和CBD，如果天气晴朗还可以望到对岸的香港。

门票和开放时间

门票：免费。开放时间：全天。

进入景区交通

位置：深圳市福田区红荔西路6030号（儿童医院对面）。

地铁：2号线到莲花山西站，3号线到少年宫站，4号线到莲花北站下车。

景点星级

美丽★★★★★　浪漫★★★★　休闲★★★★　刺激★★★　特色★★★　人文★★★

莲花山公园位于深圳市中心区北端，公园以其清新、秀丽的姿色和端庄、质朴的风格吸引着人们。莲花山并不险峻雄伟，海拔只有106米，沿着蜿蜒逶迤的山中小径慢慢而行，既可享受登山的乐趣，又没有登高的疲惫不堪。

莲花山公园共设有东、南、西、北4个入口，主要景点有儿童游乐场、山顶广场、风筝广场、关山月美术馆等。公园东部和东南部是两片以大面积草地和微地形为主的20万平方米的草坪广场景区；南部是以草坪、棕榈科植物为主组成的具有热带、亚热带风情的椰风林草坪景区，椰风林草坪北侧有个人工湖，既可垂钓，也可荡舟湖上；南坡植有1万多株凤凰木，当夏天来临时，凤凰木花开，满山红遍，是莲花山最为壮丽的自然景观；东北部与彩田村仅隔一条马路，是两片共约14万平方米的疏林草地，是周边市民休憩、散步、运动的良好场所；西北部与莲花北村相对，种植有许多珍奇树种、桃花林、谷地花境。

❶ 风筝广场

公园的东部和东南部形成两片以大面积草地和微地形为主的20万平方米的草坪广场景区，是市民和游人们假日、周末放飞风筝、放飞心情及休闲娱乐的场所。每逢天高气爽之际，公园内广阔的草坪成为放飞风筝的理想场所。随着风筝腾空向上，人们不但可以重温童年的乐趣，更可让心情像风筝一样，快乐、自由地飞舞。

解说

山脚下南侧是关山月美术馆，这里经常举办各种高水平的美术展览，给游客们提供了艺术欣赏的机会。

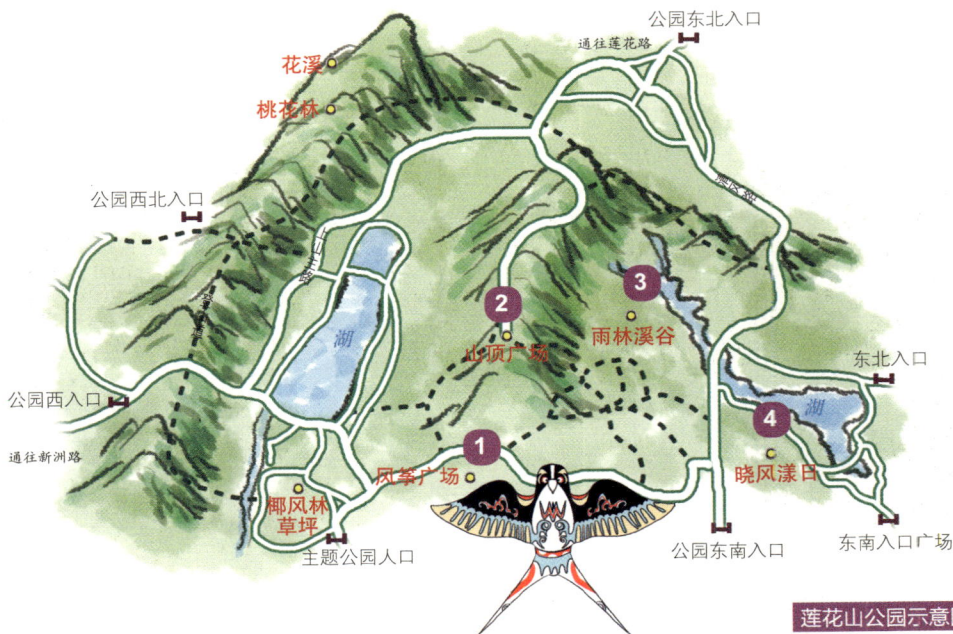

花溪
桃花林
公园西北入口
公园东北入口
通往莲花路
湖
② 山顶广场
③ 雨林溪谷
公园西入口
通往新洲路
① 风筝广场
椰风林草坪
主题公园入口
④ 晓风漾日
湖
东北入口
公园东南入口
东南入口广场

莲花山公园示意图

❷ 山顶广场

公园主峰莲花山建有 4000 平方米的山顶广场，广场中央矗立着改革开放总设计师邓小平同志的塑像。塑像高 6 米，基座高 3.68 米，重 7 吨，为青铜铸造，塑像的造型为具有动感的、邓小平同志大步向前迈步的姿态。

站在以大理石铺设而成的山顶平台，倚着花岗岩栏杆，俯视近处的福田中心区，有天上人间之感，望着鳞次栉比的现代城市建筑群，更会有"会当凌绝顶，一览众山小"之兴。"莲山春早"被选为深圳八景之一。

攻略

1.公园主峰南坡建有两条登山步行道直达山顶广场，在山麓密林间若隐若现，是游人登山锻炼的必经之路。西北部及北部也建有3条林荫登山道，每天前来登山、健身的市民络绎不绝。

2.位于广场北侧的城市规划展览厅是广大市民和游人了解深圳市城市建设历程，了解城市规划、未来发展的重要场所。

❸ 雨林溪谷

雨林溪谷位于莲花山东麓谷地之中，从关山月美术馆入口进入莲花山公园，往前走到山边，两股溪水从山谷中跌宕而下，溪水流经生态净水湿地、雾谷、生态体验通道等处，让游人感受到热带雨林特有的宁静清幽。

这里还种植了许多藤蔓植物和气根植物，长成之后将形成藤蔓交错的热带雨林景观，并配合解说牌，让游人在游憩的同时，了解一些有关自然和生态的知识。

攻略

1.每到春天，莲花山北坡桃花林2000多株桃花正盛开，是赏花、摄影的好时节。人们可以带上零食、饮料、水果等，在桃花林中喝茶赏桃花，享受春天。

2.公园还设有花卉中心，喜爱鲜花的人可以前往购花。

❹ 晓风漾日

晓风漾日位于公园东南角，湖边花草摇曳，蝴蝶纷飞，引人入胜。由洼地规划产生的"漾日湖"，其水系与雨林溪谷的溪流相通，使该区与公园内部有机联系起来。湖中有一群小鸭，在湖中戏水；湖边有宜人的景色，沿湖所设的休闲散步道穿行于水边、草地和树林；站在湖边小桥上，不经意间，水草间有轻雾飘起。作为紧邻莲花一村、莲花二村的区域，该区主要为社区居民和游人提供健身娱乐设施及休闲场所。

> **点赞** 🖒 supertt 公园的环境非常好，树木成林，在炎热的夏天也可以来玩。对于孩子来说，这里更是周末圣地，公园4个门进去都有适合小孩玩的地方，市中心有这么一座公园真的是太好了！
> 🖒 龙给在天 美丽的市区公园，绿树成荫，大片的绿地供市民休闲娱乐。每到周末时，公园内都会有好多放风筝的人，而且可以围绕台阶走路或者跑步，锻炼身体。

一朵朵鲜花在和煦的风中摇曳着，散发着诱人的香味，高歌着世界的芬芳。

住宿 驴友力荐的住宿地

莲花山公园虽处在繁华市中心，但周边也有性价比比较高的经济型酒店可供选择，而且环境也都不错。

水晶恋主题酒店（深圳华旺店）：位于深圳的CBD之区——福田区上梅林广厦路，地铁4号线、9号线上梅林站近在咫尺；酒店紧邻卓悦汇、天虹购物广场、美食街，让您尽享购物美食欢乐的同时，闲暇时间还可以去附近的莲花山公园和关山月美术馆游玩，是个不错的选择。电话：0755－83128596。

金中环服务公寓：位于北环大道和彩田路的交汇处，离会展中心、华强北约13分钟车程，交通便利。公寓装修风格采取欧式和现代化的清新、淡雅为基调，客房布置非常有格调，各种设施一应俱全，非常便利。 电话：0755－36847111。

格林联盟酒店（深圳福田梅林店）：地处福田区上梅林凯丰路，邻近4号线上梅林站，方便前往风景秀丽的莲花山，旅游出行便利。客房采用中式风格装修，在阳台上就能欣赏到公园优美的风光，设施齐全，服务温馨。电话：0755－83126888。

美食 饕餮一族新发现

莲花山公园位于市中心，周围餐厅众多，可随意找一家饭馆用餐，或在居住的酒店餐厅内用餐均可。

深圳北中轴

深圳的文化中心

@jessica 深圳北中轴是深圳最繁华的地方，相当于北京的CBD，不仅分布了深圳众多的市民活动中心，还有许多商场，是深圳必逛的地方。

@我爱travel 专门用了一天的时间在深圳的北中轴溜达，在图书馆看看书，晚上去音乐厅听场音乐会，好惬意。

门票和开放时间

门票：免费。开放时间：深圳书城中心城10:00—22:00（周一至周五），9:30—22:30（周六、日）；博物馆新馆10:00—18:00，老馆9:30—17:30，周一闭馆；图书馆9:00—21:00（一至四楼），9:00—17:00（五、六楼），周一闭馆；少年宫9:30—12:00，14:00—16:30（周三至周五），9:30—17:00（周六、日），逢周一、二闭馆（法定假日除外）。

进入景区交通

位置：书城中心城位于福中一路2014号，音乐厅为福中一路2016号，深圳博物馆新馆位于福中三路市民中心东翼，图书馆位于福中一路2001号，少年宫位于福中一路2002号，市政府位于福中三路市民中心。

1.公交：市区内乘坐10、41、108、215、m183等路公交在中心书城北站下车，步行可到达书城中心城、音乐厅、少年宫等。

2.地铁：乘坐地铁3号线、4号线在少年宫站下车，步行即可到达各个景点。

景点星级

休闲★★★★★　人文★★★★　美丽★★★★　浪漫★★★★　刺激★★★　特色★★★

深圳北中轴示意图

② 深圳音乐厅

④ 深圳图书馆

深圳书城中心城

①

③ 深圳博物馆

⑥ 深圳市民中心

深圳北中轴是深圳三轴之一（南中轴、中轴、北中轴），是深圳最为繁华的区域。在这片区域内分布着深圳最具代表性的众多建筑，有深圳书城中心城、深圳博物馆、少年宫、市民中心、深圳音乐厅等。

① 深圳书城中心城

深圳书城中心城位于深圳北中轴线上（福田区福中一路），是深圳书城的旗舰店。书城中心城建筑面积 8.2 万平方米，是现时全世界单店经营面积最大的书城。书城包括地下一层、夹层和地上一层共 3 层空间，地下层主要为停车区，地面建筑分南北两区。

书城东西两边是"诗、书、礼、乐"4 个面积各 1 万平方米的绿色文化公园；书城的屋面除 25

米宽的步行轴外，两侧满布着绿色的植物，屋顶的覆土层可以让草坪和树木生长。首层和夹层拥有庞大的纵向共用大厅，两侧的屋顶有纵向延伸的天窗，南、北两区分别有一方一圆两处庭园，取"天圆地方"之意，直通天面，接引天然光和绿色植物景观的作用。

攻略

24小时书吧位于中心书城2楼，通过2楼的平台可以进入店内。书吧内有各种类型书籍，以畅销书居多。书吧还提供咖啡、果汁和甜品等。无论独处还是几个爱书的朋友一起坐，都觉得很自在舒服。

❷ 深圳音乐厅

深圳音乐厅是深圳市文化设施中的标志性建筑，由演奏大厅、小剧场和其他附属设施组成。演奏大厅呈峡谷梯田式，有1680个座位，大厅里的巨型管风琴是深圳目前唯一一架管风琴。小剧场为高空悬挂式演出厅，舞台设计为伸出式多变型，观众席分为3层，席位可由400座调至580座。此外，音乐厅内还设有金树大厅、音乐沙龙、音乐广场、录音棚、培训琴房等配套设施，丰富了音乐厅的艺术魅力和实用功能。

深圳音乐厅内还设有嘉之华中心影城。影城由代表着影像世界无限广袤和精彩的银河厅、九天厅、五洋厅、四海厅、子午厅5个影厅组成，共350个座位。影城简洁、高雅、端庄的气质与音乐厅"黄红青白黑"建筑蕴含中国传统的五行理念相得益彰，体现出影城文化的独特韵味和艺术氛围。影城每日都会上映当下热映大片、3D影片、艺术片展映、主题影展、电影文化讲座、电影首映礼等。

点赞

👍 sailingnn 音乐厅里的聚音效果非常好，即使在看台上也不需要担心音效。

👍 京沪饕客 去深圳的时候在音乐厅听了一次音乐会，音效很棒。音乐厅建筑也很独特，金碧辉煌的，和对面银色基调的图书馆相得益彰。

攻略

1.音乐厅内常年举办各种音乐会、音乐剧、演唱会等，可在其官方网站上查询演出信息，www.szyyt.com。
2.嘉之华中心影城内的光影书房是电影发烧友淘书、淘碟的好去处，电影爱好者分享心得和体会的最佳场所。

③ 深圳博物馆

深圳博物馆分为历史馆（新馆）和古代艺术馆（老馆），其中新馆位于市民中心A区，老馆位于深圳市同心路6号。

深圳博物馆历史馆占地面积约3.7万平方米，曲折的长廊将展楼、文物库、办公楼和影视厅4座单体建筑连成一个整体建筑群。展楼前广场宽阔，南广场所树立的铸铜雕塑《闯》是深圳市标志性的著名雕塑。展览大楼是一座4层的古堡式建筑，展楼内以中央大厅为中心，螺旋式分布了4层32个展厅，展览面积4000多平方米，主要展览有古代深圳、近代深圳、深圳民俗、深圳改革开放史、野生动物标本展等。博物馆老馆内主要常设展览有海洋生物展厅和野生动物展厅两大展馆。

点赞

👍 花的嫁裳 博物馆环境很不错，共4层，有观光电梯，2个小时左右可以参观完，附近还有中信城市广场、荔枝公园、大剧院、深圳罗湖书城、地王等地方可以逛逛，值得推荐。

👍 燕窝 博物馆交通很方便，地方很大，里面展览的东西很多，可以学到不少文化知识。一圈逛下来，不仅加深了对深圳这座城市的认识和了解，还让我更加喜爱这座城市。

④ 深圳图书馆

深圳图书馆坐落于风景秀美的莲花山前，和音乐厅一道构成深圳文化中心。寓意文化森林的图书馆正门"银树"和音乐厅正门"黄金树"象征中心区文化城的"城门"。图书馆南侧的3栋黑色放射性建筑状若3本翻开的图书，而东面柔美变化的水幕和三维玻璃曲面犹如委婉韵律的竖琴，从莲花山鸟瞰，阳光下熠熠生辉，可谓刚柔并济，煌煌大观。

图书馆有阅览座位2500个，馆内现有书刊200余万册，各类电子、网络文献近百万件，阅览区内所有书刊均实行开架式服务。

全馆分为6层服务区，首层是报刊服务区，以中文报刊阅览外借为主并开设单独的视障人阅览室；2、3层为图书借阅区，提供中外文图书的借阅服务；4层为信息服务区提供多媒体视听、电子阅览、信息咨询服务、网络服务等；5层为专题服务区，按专题类型分为商贸、法律、时装、东盟信息资料中心及外文报刊区，主要针对研究型读者提供专题文献阅览及咨询服务；6楼为特藏服务区，提供深圳地方文献阅览、港澳台文献阅览、缩微资料和古籍文献阅览。

攻略

可持本人有效证件在图书馆总服务台或2楼大厅自助办证机处免费办理读者证，持读者证可以在图书馆内借阅书籍，还可以在网上续借，图书馆网址：www.szlib.org.cn。

5 深圳市少年宫

深圳市少年宫（深圳市少儿科技馆）位于深圳中轴线东北区域，是市中心区四大重点文化工程之一。少年宫包括地面的"能源天地""科普王国""美丽家园""生命探索"，地下的"走向太空""海底奇观""信息世界"等七大主题科技展馆，拥有先进的世界级数字天象系统（球幕影院）、动感4D环幕影院、200座的音乐厅、2000多平方米的科技艺术展厅及科技实验活动室，还有3800多平方米的学生团队活动广场、800座的少年宫剧场以及美术、艺术、钢琴三大教育培训基地，是深圳市近百万少年儿童的绝佳体验场所。

攻略

1.在少年宫剧场和影院内经常会有演出活动，可通过其官网查询活动信息，网址：www.szcp.com。

2.少年宫内设有少儿培训中心，培训课程有综合类、美术类、机器人科技实验室、大自然科技实验室、通话艺术类、钢琴类、影视表演类、影像类等，可通过其官网查询具体信息后报名。

6 深圳市民中心

深圳市民中心是集政府、人大、博物馆、会堂等多功能为一体的综合性建筑，既是深圳的行政中心，又是市民娱乐活动的场所。

市民中心以大鹏展翅作为标志，波浪线"若垂云之翼"，寓示深圳发展如"鲲鹏展翅九万里"，具有勇于创新的拼搏精神。整个建筑规模庞大，地下1层，地上5层，总建筑面积21万平方米，分为西区、中区

攻略

在行政服务大厅的东、西两厅均配备有直饮水供应点，就设在大厅进门处，到市民中心办事和参观参展的市民都可以直接饮用。

和东区 3 部分。西区主要是政府办公用房；中区主要是以公共空间为主，包括人口门厅、政府窗口、办文大厅、主公共走廊多功能大厅、贵宾接待厅、公共礼仪厅、大会堂和地下大餐厅、贵宾餐厅等；东区主要是人大办公用房。此外，市民中心内还设有博物馆、工业展览馆、档案馆等。

解说 市民中心建筑之最

最大的市政建筑：该工程建筑面积21万平方米，建筑高度84.7米，是深圳最大的市政建筑。

最大的停车场：市民中心拥有目前国内最大的停车场，共有停车位2608个。

最大的屋顶：市民中心屋顶面积6.3万平方米，总重量约9000吨，总长度486米、最大宽度154米，世界建筑史上尚无类似工程的实例，是深圳名副其实的"第一屋顶"。

最大的会堂：深圳市民中心礼堂装备了包厢、同声传译、环绕立体声等最先进的设施，市民中心会堂将以1900个座位的供市民举办会议、观看电影。

攻略

美食 饕餮一族新发现

市民中心中区负一层设有机关食堂，主要用于满足工作人员的就餐需要，市民如果需要就餐可以到地下一层设的快餐店、西餐厅等，供餐时间由早到晚。

此外，市民中心附近还有许多餐厅，如民间瓦缸煨汤坊（福田区福华三路星河国际大厦1楼）、禾绿回转寿司（福田区福华三路星河coco park负一层B1C-077a）、茶言观社（福田中心区福华三路星河国际B2栋二楼）、味千拉面（福田区红荔路深圳书城中心城一层）等。

深圳会展中心

深圳最大的单体建筑

门票和开放时间

门票：免费。展区根据实际办展情况收取门票。

开放时间：9:00—17:00。

进入景区交通

位置：深圳市福田中心区福华三路深圳会展中心。

1.公交：会展中心东侧金田路、西侧益田路、南侧滨河路、北侧福华三路均有公交站点，市区内近30条公交线路都可经达会展中心。

2.地铁：会展中心是地铁1号线、4号线枢纽站，通过地下通道可直达会展中心内部，E、D出口则步行约150米即达会展中心北广场。地铁1号线购物公园站D出口步行约150米即达会展中心西入口。

景点星级

休闲★★★★★　美丽★★★★　浪漫★★★　刺激★★★　特色★★★　人文★★★

深圳国际会展中心位于深圳市中心区城市中轴线上，南邻宽阔的滨河大道，北隔著名的深南大道与市民中心柜望，与大中华、市民中心等代表性建筑一起形成了城市中轴线上南部的靓丽景观。

会展中心是一座集展览、会议、商务、餐饮、娱乐等多种功能为一体的超大型公共建筑，是深圳市最大的单体建筑。钢结构、玻璃穹顶和幕墙完美结合，夜间在灯光的点缀下，玲珑剔透，有"水晶宫"之美誉。

会展中心还毗邻购物公园COCOpark、中心城及华强北商业圈等，在参观展览的同时，还可享受惬意的休闲、购物与美食。

① 会展中心

会展中心拥有9大展厅、25个会议厅、3大餐饮区及优良的配套服务、可满足举办各类展会及活动的不同需求。展览、会议和服务功能分层布局，既相对独立又密切配合。1层9大展厅铺设成"U"型，室内展览面积达105000平方米，可容纳5000国际标准展位大型展览。会议中心悬浮在展馆之上，拥有会议室共35间，功能卓越，大小不一，同时可用作中高档餐饮场地。2层服务区域主通道长达480米，贯穿东西，上通下达，集中提供各种展会配套服务。

攻略

1.会展中心基本上天天都有展览，各种类型，大多时候都要门票，一般10—50元不等。

2.可在会展中心官网上查询展会举办信息，并申请门票。网站：www.szcec.com。

点赞 👍 霞家的宝宝 深圳标志性的建筑，共9个展厅，周边设施也很好，一年四季都有展览，官网上会贴展会在哪一天，网上也可以免费申请门票，很人性化。

👍 wskanu9107 会展中心经常举办各种大大小小国际国内的展会，给商家和消费者之间搭建起了一个非常好的交流沟通平台。

② 中心城

  中心城位于深圳中心区 CBD 中央，由福华路、福华一路、中心四路、中心五路合围而成，是一座以"紫禁公园"为设计概念精心设计，以全新理念打造的集购物、休闲、旅游、餐饮、娱乐、文化等于一体，以"生态景观式休闲消费""一站式满足"为核心理念的纯美式亲自然体验的大型生态购物中心。

  中心城内有深圳首家太平洋模式女性主题商场——中心百货、家乐福华南地区旗舰店、1100 个座位的华纳·金逸国际影城、深圳市最大的室内亲子乐园、全国最大的 LED 数码天幕、深圳首张集购物中心会员卡功能与银行信用卡功能于一体的联名信用卡、号称绿色的云在天上飘的屋顶公园等，是深圳又一全能式的 IT MALL。

③ COCO Park

  COCO Park 是深圳唯一公园版情景式购物中心，总建筑面积 85000 平方米，共 5 层，由福华三路、民田路、福华路和中心二路 4 条主干道合围。

  COCO Park 集餐饮、购物、休闲、娱乐多功能于一体，拥有 200 余家国际国内知名品牌。负 1 楼为吉之岛超市、国际连锁餐饮、珠宝配饰、个人护理、家居生活、影音、礼品店；1 楼为国际精品服饰店、珠宝、名表、经典配饰名店、中国移动信息生活馆、COCO 露天国际酒吧街；2 楼为商务休闲服饰、时尚女装、休闲运动城、国际特色餐饮、流行配饰、家居生活、影音礼品店和百老汇影城；3 楼为高档美食概念餐厅、美容护理 SPA。

专题
会展中心著名展会

中国国际高新技术成果交易会

中国国际高新技术成果交易会（简称高交会）是中外知名高科技企业展示最新的技术与产品，广大海内外客商展示实力、获取信息、结交客户、推广新产品、进行技术贸易的重要通道，每年11月16日至21日在深圳会展中心举办，是中国高新技术领域规模最大、最富实效、最具影响力的品牌展会，被誉为"中国科技第一展"。

中国国际文化产业博览交易会

中国（深圳）国际文化产业博览交易会（简称文博会）是唯一的国家级文化产业博览交易盛会，每年5月在深圳会展中心举行。文博会是中国文化产业发展成果年度检阅与总结的盛会，优秀文化产品集中展示与交易平台，以产品为载体、文化为内容、中华文化走出去为目标的文化出口贸易平台。

深圳礼品展

深圳礼品展全称中国（深圳）国际礼品及家庭用品展览会，每年春秋两季在深圳盛大举行，吸引10余万专业买家前来采购各种商务礼赠品及时尚消费品。

深圳礼品展是亚太区最具规模和影响力的专业展会之一，是连接国内与国际礼品市场的高速中转站，在主办方买家散客成团、特邀服务升级、搭建绿色采购通道等措施激励下，来自欧美、日本、韩国、泰国及全国各地的专业买家，与商超、酒店、跨国公司、政府部门等集团买家组成了采购方阵，大大刺激了深圳的经济。

攻略

住宿 驴友力荐的住宿地

　　深圳会展中心不仅云集了香格里拉酒店、喜来登酒店等众多星级酒店，也隐藏着时光机青年旅舍、七的三次方青年旅舍、LnB青年旅舍这样适合背包客住宿的地方，旅舍里汇集了世界各地的游客，是一个认识新朋友、开阔眼界的好地方。

美食 饕餮一族新发现

　　深圳会展中心集展览、会议、商务、餐饮、娱乐等多功能于一体，连接着新天地、地下商城，里面应有尽有。在远一点就是皇岗村，这里各色酒店、饭店琳琅满目。

　　COCO PARK内美食店也不计其数，主要有面包新语、吉野家（快餐）、美乐汇美食广场、美心西饼、PARKHAUS、鑫泰泰国菜、超级牛扒、金水江山韩国料理、Italian Bain Coffee、禾绿回转寿司等，可根据自己喜好选择。

深圳园博园

世界各地风情大集结

微印象

@珍珠奶茶 春季踏青，选择园博园准没有错，园区正门后面那道很长的步道相当壮观，登顶之后回头看景色如画！

@Princess fiona 位于深南路上的免费公园，交通方便，自驾车停车也方便。里面环境很好，有许多植物，还有一些简单的游乐设施，周末可以当成一个休闲放松的好去处。

门票和开放时间

门票：免费。开放时间：6:30—22:30，22:00清场闭园。

进入景区交通

位置：深圳市福田区深南大道竹子林西。

地铁：园博园地处地铁1号线、7号线及11号线的中间，乘坐以上任一条线路，出站步行几分钟即可到达。

景点星级

美丽★★★★★　浪漫★★★★★　休闲★★★★★　刺激★★★★　特色★★★　人文★★★

深圳国际园林花卉博览园简称"园博园"，是第五届中国国际花卉博览会的举办地，曾是中国园林花卉最高规格、最高水平、最大规模的国际性博览会。

园博园现占地66平方千米，园区总体规划本着"人与天调、天人共荣"的理念，利用原址自然地貌，营造出一个依山傍水、自然优美的总体环境。按照规划，园内建成一塔、两馆、三桥、四湖、六园，共完成建设工程45项。在园博园的最高处，一座9层八角的仿木构砖塔成为园博园的标志建筑物，为体现福田区地域特色，起名为"福塔"。福塔塔高52米，共9层，在此可俯瞰全园景观，深圳湾海景也尽收眼底。塔的正门左右设"福山拥翠，田地生辉"对联，在每个门两侧镌刻不同字体的"福"字，充分展示中国传统福文化。

解说 精品景点

一滩一瀑，即北海银滩、福音瀑；

两场两馆，即迎宾广场、天海广场、花卉馆、综合馆；

三塔三茅，即福塔、东坡塔、杭州西湖雷峰塔、肯尼亚茅屋、印尼巴厘茅屋、森斯茅屋；

四湖四院，即映翠湖、鸣翠湖、揽翠湖、汇翠湖、粤清园、江门情浓五邑庭院、宝安庭院、古吴山庄；

五泉五园，即音乐喷泉、济南趵突泉、惠州东坡汤泉、尼泊尔圣泉、汇芳园雾泉、荟萃园、鸣翠园、汇芳园、听香苑、南苑；

六桥六亭，即博览桥、欢乐桥、映翠桥、南苑曲桥、听香苑木桥、万馨园单柱桥、知乐园八角亭、西安亭、南京亭、济南亭、马鞍山亭、市花园凉亭。

园区设置了4个主要入口，分别大致位于东南西北4个方向。园路自然蜿蜒，贯通了全园的每一角落。漫步园中，从南至北，经四个流线自然的人工湖，总水面面积25180平方米。整园给人置身于画馆楼台、轩榭山石、流水潺潺、诗情画意的境界，来自各地格调迥异的特色园林景点点缀色彩缤纷的园博园。

园博园总体布局分为南北两区，主要的基础工程建筑集中在南区，共有7项大工程建筑，由综合展馆、园林花卉展馆、游客管理服务中心、南北区两个游客服务中心、半地下停车场、露天表演舞台组成，构成园博园的主体骨架。

园内园林作品中反映最多的是地方风情，如上海的石库门、杭州的雷峰塔、广州的地方八景、河北的柏坡人家、厦门的琴岛、济南的趵突泉、南宁的壮乡歌圩、昆明的石林、惠州的新客家传说、郑州的武之魂，等等；还有世界各地的园林风情也荟萃其中，有尼泊尔花园、日本庭院、美国休斯敦星球花园、巴基斯坦亭阁、加拿大月亮花园、法国园、保加利亚园、印度花园、肯尼亚花园等，风情各异。

园博园同时也是一个生态之园。园区绿化覆盖率达 93% 以上，栽培植物共有 137 科 366 属 900 余种，这些植物来自各参展国，参展省、市，大多数是代表性的乡土树种和园林植物，甚至有一些是珍稀濒危植物，如桫椤、银蕊等。

深圳园博园示意图

园博园恐龙馆展示了世界各国千姿百态的恐龙，有两具完整的中国最大的马门溪龙、美国霸王龙、比利时肿头龙、阿根廷龙、世界最小的恐龙鹦鹉嘴龙等，展览规模之大、品种数量之多，在国内同类型的展览中，极为罕见。

攻略

1. 园博园园区内提供导游、广播、咨询、观光电瓶车、纪念品销售、大众文化活动、表演等服务。
2. 在东区有花开一条街，还有美食一条街和购物一条街，游客尽可享受"一条龙"式的尊贵服务。

点赞

👍 螃蟹横走 能在市区之中有这么一处免费的主题公园挺不错的，从南门进，慢慢地往左走，最后从西门出去。在半个小时的时间里，让人暂时放下大城市的喧嚣，回归到自然的宁静。

👍 爱的心墙 园子很大，里面可以游览的东西有很多，每个院子风格不同，环境也很不错，适合周末去休闲旅游一下。

北门

尼泊尔花园
玻利维亚花园
法国园
石缘
加拿大月亮花园
花开花城
石库新苑
东坡园
休斯敦星球花园
昔园今景
鸣翠湖
广深高速公路
云梦福田
隧道
武之魂
福塔
福音瀑
揽翠湖
古蜀园
听香苑
壮乡歌圩
童乐园
聚福山
南苑
古吴山庄
吴风泉韵
井韵
苍苔园
宝芝园
知乐园
水墨江南园
汇芳园
活水园
寄思园
湖北园
竹子林四路
太阳能光伏发电系统
韵突胜景

东门

攻略

住宿 驴友力荐的住宿地

园博园位于深南大道上，一路上酒店宾馆林立，可选择范围很广，如呼噜栈酒店、7天优品酒店、亿民平安酒店等。

呼噜栈酒店（香蜜湖店）：临近广深高速公路出入口，距离车公庙地铁枢纽站很近，紧邻东海购物广场、东海缤纷天地及深国投购物广场。符合星级客房装修标准，服务水平也是一流的。电话：0755-22669888。

7天优品酒店（深圳竹子林地铁站店）：坐落于深圳福田交通枢纽中心对面——益华大厦B栋；地铁1号罗宝线竹子林站B2出口直达；酒店随处闹市，但环境优雅，简洁时尚，安静舒适！电话：0755-89926777。

深圳红树林

绿色明珠

@齐驴张望 真正的红树林只有窄窄的一条，但公园却修建的很漂亮，可以遥望香港和两侧林立的高楼，公园里的草坪很干净，三三两两的人在这里闲庭信步，甚是惬意。

@winhorse 红树林可以说是给我印象最好的深圳美景之一了，门票免费，交通方便，就在深圳湾畔，无论是朝阳初升还是夕阳西下，景色都让人很留恋！

门票和开放时间

门票：免费。开放时间：全天。

进入景区交通

位置：深圳市福田区下沙村（近滨河大道南侧）。

地铁：乘坐地铁9号线到深圳湾公园站下，步行前往。

景点星级

休闲★★★★★　美丽★★★★　浪漫★★★★　特色★★★　刺激★★★　人文★★

红树林自然保护区位于深圳湾畔，东起深圳河口，西至海滨生态公园，背靠美丽宽广的滨海大道，全长约9千米，宽度从50米到300余米不等，是深圳市区内的一条绿色长廊，不仅是鸟类栖息嬉戏的天堂、植物的王国，也是人们踏青、赏鸟、观海、体验自然风情的好去处。

❶ 自然保护区

深圳红树林是我国面积最小的国家级自然保护区，是以红树科植物为主组成的海洋木本植物群落，因树干呈淡红色而得名，自然生长的植物有海漆、木榄、秋茄等珍稀树种。

在红树林里深绿色的树丛是秋茄，它的果实如茄子状，实际上是"胎苗"，它和木榄是植物界唯一的"胎生"植

小贴士

深圳红树林为自然保护区，全天禁止自行车、宠物进入，可下海捕捉鱼虾，放风筝及孔明灯。

物，"胎苗"在树上发芽、生根，从开花到长成"胎苗"，要10月"怀胎"，然后才脱落到泥土上，长成一株新的红树。浅绿色的群落是桐花树，为了适应盐分较高的水环境，它们会通过盐腺将体内多余的盐分排出，每到中午时分，它们的叶子上会分泌出一层细细的盐。红树林中的"美男子"要数木榄了，树形亭亭玉立，花朵鲜红艳丽。而与木榄相比，白骨壤那弯弯曲曲的树干树枝便相形见绌了，作为红树林群落的先锋树种，它生长靠海的最外层，首当其冲地抵挡台风巨浪，弯曲的枝干给了它们无比坚强的力量。

攻略

1. 红树林中有一个隐蔽的观鸟亭，透过小窗户向海面望去，可以见到滩涂上有许多各种各样的鸟类，是很好的摄影题材。

2. 在离红树林不远的滩涂上有一个人工修建的树岛，树岛上生长着茂盛的红树林，许多鸟儿在树岛上栖息。

❷ 鸟类保护区

这里是东半球候鸟迁徙的栖息和中途歇脚点，每年约有 40 万只近 200 种候鸟来红树林保护区内停歇越冬，以鹭、鸥、雁、鸭等为主，包括白鹳、白皮鹭、中华秋沙鸭等 55 种国家重点保护鸟类。当然，这里也有许多一年四季都生活在红树林里的鸟类，这类鸟被称为"留鸟"。在这片红树林湿地，还栖息着一种濒危鸟类——黑脸琵鹭。保护区内地势平坦、开阔，有沼泽、浅水和林木等多种自然景观，在此可观赏到落霞与千鸟齐飞、静水共长天一色的自然美景。

红树林与香港米埔自然保护区一水相隔，共同构成了具有国际意义的深圳湾湿地生态系统，也成为深港边界上最具特色的风景线。

攻略

每年秋天，极度濒危鸟类黑脸琵鹭都会飞到深圳湾。每到此时，许多观鸟爱好者和市民纷纷来到深圳湾畔的红树林海滨生态公园，架起"长枪短炮"，争睹风采。赏红树，观鸟飞，看鱼翔，已成为深圳人与自然和谐相处的温馨图景。

❹ ○深圳湾公园

自然保护区 ○

❶

深圳湾

滨海大道 ○ ❸

海滨生态公园 ○

❷ 鸟类保护区 ○

深圳红树林示意图

❸ 滨海大道

深圳滨海大道位于深圳湾畔，是深圳主要快速干道之一，同时也是著名的滨海自然风景带。大道全长 9.6 千米，其中 7.6 千米为填海而成。滨海大道两旁的绿化带堪称全国之最，大道途经红树林保护区，沿路还可欣赏深圳湾、深圳湾大桥和香港的元朗等景观。

④ 深圳湾公园

　　深圳湾公园东起红树林鸟类自然保护区，西至深港跨海大桥西侧，北靠滨海大道，南临深圳湾，隔海遥望香港米埔自然保护区。沿海岸线长约 11 千米，是深圳市唯一的密集滨海休闲带。深圳湾公园由已开放的红树林海滨生态公园和建设中的深圳湾滨海休闲带两部分组成。

　　滨海休闲带分为 A、B、C3 个区域。A 区从海滨生态公园西侧至大沙河河口，建有中湾阅海广场、海韵公园、白鹭坡、北湾鹭港和小沙山，其中，中湾阅海广场位于深圳湾的中部，是远望整个深圳湾景色的最佳位置之一。B 区从大沙河河口至东滨路立交桥北侧，建有追风轮滑公园和流花山，其中，追风轮滑公园是专为青少年提供的轮滑天地。C 区从东滨路立交桥北侧至深港西部通道大桥西侧，建有南山内湖溢流坝、弯月山、南山排洪大箱涵蝶状翼墙、日出露天剧场、垂钓栈桥、湿地公园、

攻略

　　1.A区的白鹭坡是一个面向大海的缓坡，可以在此观日出日落。山顶广场以及两个浮雕由山体的山间平台组成，广阔的台阶供游人坐观晨光与暮色。

　　2.北湾鹭港可以近距离观赏水景，游人可以近距离观赏在港湾水面上悠游的鹭鸟，从立交环岛和公园路上的驾驶者也可以近距离观赏水景。

　　3.B区的流花山花团锦簇，五彩缤纷，每个季节都有不同花草盛开，是拍照留影的好地方。

　　4.C区的观桥公园邻近深圳湾大桥，站在这里不仅可以看到雄伟壮观的深圳湾大桥，还可以欣赏海景，亲近自然，享受园景。

攻略

　　站在公园东侧的观光道上放眼眺望，蜿蜒9千米长的红树林在高楼大厦的映衬下，构成一幅美丽的画卷，非常美丽。

婚庆公园、海风运动公园和西南口岸广场，其中，婚庆公园是深圳的年轻人梦寐以求的婚典胜地。

　　红树林海滨生态公园原址是深圳湾北部滩涂地，现园内栽培植物有240多种，其中不乏特有的红树类植物，如半红树植物银叶树和黄槿，伴生植物露兜树、木麻黄、马缨丹和血桐等。作为红树林鸟类自然保护区的缓冲区，海滨生态公园沿岸的红树林更是一道独特的风景，被人们称为"海上森林""海岸卫士"。

攻 略

住宿　驴友力荐的住宿地

　　沿着滨海大道，一路上有许多酒店可住宿。景区距离华侨城度假区不远，也可以游览完后返回那里住宿，酒店可选择范围较广。

　　深圳卓信酒店：地理位置非常优越，交通十分便利，附近有多路公交通贯南北，直达深圳市各地区。距离深圳各主要景点有公交车直达，公交车327路、地铁一号线40分钟直达宝安机场。电话：0755-86527888。

　　汉庭酒店（深圳竹子林店）：坐落于深圳福田交通枢纽中心对面——竹林五路竹林花园2栋；紧邻深南大道，地铁1号罗宝线竹子林站B2出口直达；酒店装修简洁时尚，安静舒适。电话：0755-83717333。

　　华里酒店（深圳华侨城店）：位于深圳湾畔深圳华侨城文化创意园内，以兰花为设计主调，文艺范十足。而且交通便捷，餐饮购物也非常方便。电话：0755-86668999。

梧桐山

鹏城第一峰

门票和开放时间

门票：免费，仙湖植物园20元。开放时间：仙湖植物园平日6:00—19:00开放，农历初一、十五、佛诞日4:00—19:00开放，除夕夜及正月十四通宵开放。

最佳旅游时间

四季皆宜。冬春时节深圳降水较少，这时候适合爬山，夏天可以来这里避暑乘凉。

进入景区交通

位置：深圳市罗湖区沙湾大望村。

公交：乘坐211路公交在总站梧桐山村站下车即到。

景点星级

休闲★★★★★　美丽★★★★★　刺激★★★★　浪漫★★★★　人文★★★　特色★★★

深圳梧桐山是以滨海山地和自然植被为景观主体的国家级风景名胜区，包含有凤谷鸣琴、梧桐烟云、碧梧栖凤、东湖公园和仙湖植物园等八大景区。景区景观以其"稀""秀""幽""旷"为显著特征，其中"梧桐烟云"被深圳市政府评为深圳新八景之一。

梧桐山自西向东渐次崛起，分布着三大主峰即小梧桐、豆腐头、大梧桐，史称"三峰秀拔"，其中大梧桐海拔943.7米，为深圳第一高峰。在此远望，西可俯瞰深圳市区；南与香港大屿山对峙；向东南远眺，烟波浩渺的大鹏湾海面及美丽的大鹏半岛尽收眼底。

梧桐山山高林密，主峰山泉汇入天池，池内深不可测。天池水顺谷而下形成了壮观瀑布群，春雨时一泻百米，声如洪钟，激起千层浪，散出万束雾花，异常美丽。天池水注入龙潭底有一小洞，内藏珍贵的金尾娃娃鱼和山龟。龙潭水流至龙珠山汇集8条谷渠水而成深圳河，风水先生称此地为："九龙戏珠"的风水宝地。

梧桐山上有一块试剑石和磨剑石，比苏州虎丘的试剑石大20倍有余。其下一片情人树，由9棵古树古藤盘缠而成，树下一把仙人椅。瀑布、奇石、古树、翠竹、奇景、绝景，令人叹为观止。

此外，景区内还有国家重点保护的野生动物蟒蛇、鸢、赤腹鹰、褐翅鸦鹃、穿山甲、小灵猫等。

❶ 主入口

梧桐山主入口位于梧桐山的南麓，北靠仙湖植物园，面积约4.56平方千米，是一个以体育活动设施为主要内容，又兼具园林特色的市民健身活动公园。

❷ 凤谷鸣琴

凤谷鸣琴位于梧桐山北麓，处于梧桐烟云景区和仙湖植物园之间，小梧桐便位于此区域内。景区内有条马水涧，由6条山涧小溪汇集而成，一年四季水流不断。两旁沟谷中阴生植物生长繁茂，种类丰富。由于山势落差起伏较大，水流跌宕，从而形成飞瀑流泉、山石水潭等丰富的水质景观。

攻略

在小梧桐观景台处可俯瞰市区，景区内的"倚天招风"景点为俯瞰市区、远眺香港新界和大鹏湾、深圳湾、伶仃洋的最佳位置。

梧桐山示意图

③ 碧梧栖凤

碧梧栖凤位于梧桐山东南麓，背靠大梧桐，景区面积 4.68 平方千米。整个景区现状条件较好，山势较缓但富于变化，又有充足的水源——恩上水库，植被丰富，层次感好。

④ 生态保护区

梧桐山地区植物物种丰富，约占广东地区野生植物资源种类的 75%。景区内的生态保护区面积 4.80 平方千米，保持有大片南亚热带常绿阔叶混交林。该景区遵循严格保护尽量少开发的原则，保持有从西坑通达大梧桐顶的登山步道。

⑤ 封山育林区

封山育林区位于仙湖植物园和凤谷鸣琴景区以北，梧桐山村以南，面积 1.38 平方千米。由于临近深圳水库，且又处在游览不及的地区，因此把此区划为封山育林区。

攻略

1. 景区已开辟了一条 4 米左右的车道至恩上水库，根据其山和水的特色安排有望远、观日、垂钓等活动。

2. 在水库坝南面设置有观景平台，既可晨观日出、暮浴霞光，也可北望梧桐群峰，南瞰大鹏诸岛、沙头角尽收眼底。

⑥ 东湖公园

东湖公园原名水库公园，集观赏、游览、文化娱乐、游乐服务于一体，是深圳建市后的第一个市级综合性公园。公园东连梧桐山，北临深圳水库，水库是东湖的"形"，水库文化则是东湖的"魂"。

东湖是 20 世纪 80 年代有名的深圳市"五湖四海"景区之一，目前设有 12 个专类景区、120 多个景点，主要景区有匙羹山景区、一号门景区、四号门景区、观赏花木园、杜鹃雕塑园、盆景世界、树木园、古树园、钓鱼区、棕榈园、人工湖、沉香阁等，主要游乐点有旱地雪橇、趣园游乐场、趣味动物苑等，还有大家乐露天剧场、红荔书画馆、门球场、网球场、健身园、谷对岭登山道、西岭登山道等大型文娱及康乐设施，深圳市最早的市美术馆（深圳美术馆）也位于区内。

攻略

公园会定期举办一些群众性的娱乐及花事活动，具体活动有：画眉斗雀比赛（每年元旦举行）、每年11月份举办深圳市菊花展、国庆期间举办勒杜鹃花展（深圳市花），还有杜鹃花展、盆景展等其他各项展览。

7 仙湖植物园

仙湖植物园东倚梧桐山，西临深圳水库，是中国观赏植物科学研究的重要基地，也是华南地区现有规模最大的植物园。

全园分为化石森林区、天上人间区、湖区、庙区、沙漠植物区和松柏杜鹃景区等六大景区，建有芦汀乡渡、玉带桥、龙尊塔、听涛阁、览胜亭等十几处园林景点，和国家苏铁种质资源保护中心、珍稀树木园、阴生植物区、百果园、盆景园等十几个植物专类园，并建有独具特色的古生物博物馆。

景区内还有一寺庙——弘法寺，是深港地区重要的宗教文化研究、传播中心，也是深圳地区香火最为鼎盛、影响最大的佛教圣地和旅游热点。

小贴士

1.据说弘法寺是全深圳最为灵验的寺庙，每月农历初一、十五游客众多，去仙湖的时候不妨顺便烧烧香。

2.进弘法寺不收钱，为了环保，寺门口免费奉送给进寺游客香，自己带的香烛是不可以带入寺内的，所以不必在山下购买。

点赞

👍 **senron** 百分百值得一去的地方，很休闲，而且里面还有座很著名的寺庙，是散心的好地方。

👍 **一块看** 仙湖植物园很美，园内绿草茵茵树木林立，适合一家人来野餐。爬爬山，听着环绕四周的鸟鸣声，感受大自然赋予的清新之气，身上的压力都减轻不少。

梧桐山自西南向东北渐次崛起，在主峰上眺望，西可俯瞰深圳市区，南与香港大雾山对峙，向东南远眺，烟波浩渺的大鹏湾海面及美丽的大鹏半岛尽收眼底。

景区交通　游遍景区不犯愁

　　仙湖植物园大门至弘法寺设有游览车，非节假日15分钟/班，节假日5—10分钟/班。游览观光车路线：弘法寺—湖区—盆景园—沙漠植物区—古生物博物馆—化石森林区—药用植物区—听涛阁—两宜亭—弘法寺。

登山攻略　驴友徒步好线路

　　梧桐山是深圳市内比较受欢迎的登山之处，从东南西北各个方向都可以登顶。景区内共建有4个登山道。一是凌云道，位于梧桐山风景区南大门，紧邻罗沙路，交通非常便利，终点通往小梧桐；二是碧桐道，位于沙头角东部，即盐田医院左侧，上段与盐田秀桐道相连接，终点通往大梧桐；三是秀桐道，位于盐田区市外国语学校后侧，沿途与碧桐道相连，终点通往大梧桐；四是登云道，位于莲塘畔山住宅片区，沿途与仙湖两条登山道相连接，终点通往小梧桐。

西边登山路线：梧桐山村

　　梧桐山村是登顶梧桐山的主要入口，传统盘山公路、泰山涧路线、麻水凤路线、桃花源路线等都由此进入。

　　线路一：梧桐山村—盘山公路—停车场—好汉坡—大梧桐顶，此线路为传统的全民健身登山路线；

　　线路二：梧桐山村—梧桐山水库—泰山涧—葫芦池—梧桐顶，此线路为标准难度路线，可以溯溪也可以走台阶，沿途林荫茂盛，是夏季登梧桐山的很好路线；

　　线路三：梧桐山村—梧桐山水库—百年古道—大梧桐顶，为标准难度，大部分为山径，较安全线路；

　　线路四：梧桐山村—梧桐山水库—桃花源—大梧桐顶，标准加难度路线，以溯溪路段为主，路线具有一定的危险性，建议跟随有经验的领队前往；

　　线路五：梧桐山村—梧桐山水厂—麻水凤—小梧桐—大梧桐顶，一般难度，溯溪徒步各半，该线路较少人迹污染，夏日可以在溪谷内泡水消暑。

南边登山路线：仙湖、莲塘

　　线路一：仙湖植物园—小梧桐—中梧桐—大梧桐顶，标准级路线，一半台阶，一半山径，属于安全线路，往往会被驴友作为下山的路线，可以从梧桐山下到仙湖植物园转转；

线路二：莲塘畔山路华景园别墅（台阶）—小梧桐—中梧桐—大梧桐顶，标准级路线，半为台阶半为山径，安全线路；

线路三：梧桐山隧道莲塘侧（武警六支队驻地侧）—废弃公路—中梧桐—大梧桐顶，标准级难度路线；

线路四：莲塘庵泥坑（莲塘沙砖厂侧）—燕子崖—小梧桐—大梧桐，无明显路线，以山崖攀爬为主，高危线路不建议冒险；

线路五：梧桐山隧道莲塘侧（汽修中心进或梧桐山莲塘管理站）—小燕子崖—小梧桐—大梧桐，为高难度路线，前面一段溯溪，后面开始山崖攀爬，无明显路线，崖壁陡峭，临近山顶处于风口，更增加了线路的难度，高危线路不建议冒险。

东边登山路线：沙头角、盐田

线路一：盐田区医院—山径（防火带）—大梧桐顶，盐田登山传统路线，全程山径，沿途安全，只是夏日暴晒，行前要做好防晒措施；

线路二：梧桐山盐田管理站—大梧桐顶，全程山径，安全线路；

线路三：沙头角的梧桐山宾馆—盘山公路—恩上村—骑马岭（山径）—大梧桐顶线，标准线路，沿途公路与山径，安全线路；

线路四：梧桐山隧道沙头角侧—老虎涧（又称老虎叫）—大梧桐顶，路线以溯溪为主，危险性较高；

线路五：沙头角正坑水库—正坑—横坑—中梧桐—大梧桐顶，较高难度路线，溯溪为主，危险度高，近中梧桐处为七八十度陡峭山坡，只有山草可做援手。

北边登山路线：龙岗

线路一：小坳（西坑水库东侧巡逻道南边）—龙岗盐田区界分水岭山径—大梧桐顶，标准线路，全程山径，安全线路；

线路二：西坑水库西侧梧桐山西坑管理站—西坑溪—大梧桐顶，以溯溪为主，较危险，沿途溪水风景皆好，但要注意该线路分支多，尽头极易迷路，溪源尽头遍山是山状梯田遗迹。

小贴士

1.登山前建议预先规划好路线，进入山区前应注意塌方落石与路肩塌陷。

2.要注意林区防火，沿途不要吸烟。

深南大道
深圳第一路

微印象

@灵岩草 30千米长的深南大道，是来深圳的旅行团队必看的景点，尤其是在南山区那一段，路两边绿树葱茏，花团锦簇，各种造型的高楼大厦排列在路两旁，集中了深圳建筑的精华。

@剪蓝 深南大道号称深圳第一路，横跨罗湖、福田、南山三个区，是深圳市的一张名片，类似于北京的长安街，沿途集中了深圳市的商业中心和金融中心，分布着很多知名旅游景点，可以饱览深圳市最美的城市风光。

门票和开放时间

深南大道沿线的南头古城、园博园、荔枝公园等都是免费开放景点。开放时间：园博园8:00—22:00；园内恐龙馆9:30—17:30，其他景点全天开放。

进入景区交通

地铁：深南大道是深圳的主干道，地铁1号线、2号线等地铁设有站点，市内绝大多数公交线路在深南大道沿线的重要建筑和景区也都设有公交站点，交通十分便利。

景点星级

休闲★★★★★　　美丽★★★★★　　浪漫★★★　人文★★★　特色★★★　刺激★★

深南大道全长25.6千米，呈东西走向，于1994年全线贯通。深南大道被称为深圳的一张名片，是这座城市的坐标轴，就像长安街之于北京。太阳升起，深南大道明净晴朗，繁密艳丽的各种鲜花灿烂得让人心醉；夜幕低垂，数不清的霓虹灯华彩扑面而来，处处璀璨辉煌。深南大道不仅具备最基本的交通功能，更是这个城市展示其所有精彩影像和经典景观的重要展示窗口。

深南大道所经之地都是深圳最繁华的商业街区、科技园区、大学校区、城市公园，从深圳大学到科技园区，从华侨城到园博园，从市民中心到华强北商圈，从荔枝公园到东门老街，堪称是一条商业和景观并重的黄金线路。

❶ 南头古城

南头古城又名新安古城，位于深圳市南山区深南大道中山公园南侧，是目前深圳市区最具规模的古城遗址，城址范围东西最长距离为680米，南北最宽处为500米。现南北城墙尚存基址，南城门保存完好。拱形城门上有一块长方形石块，上用小篆阴刻"宁南"二字。

古朴雄伟的南头古城，为历代岭南沿海地区的行政管理中心、海防要塞、海上交通和对外贸易的集散地，亦是深港澳地区的历史源头，是岭南古文化的宝贵遗存，它经历并记录着深圳地区的历史变迁。

攻略

1.目前古城已作为城市居民用途，内有各种小型店铺，仅保存有衙门、烟馆等少数遗留古迹可供参观。

2.离遗址500米远处有个荷兰花卉小镇，里面有不少奇花异草和各种个性店铺，可以顺路游览一番。

② 荔枝公园

　　荔枝公园东邻红岭路，南接深南中路博物馆，因园内 500 余株亭亭如盖、自成体系的荔枝林而得名。园内建筑取古今中外园林建筑之长，围绕荔枝湖，建有浸月桥、邀月亭、揽月桥、复亭、凌波亭、羽仙馆，每逢明月当空，湖面平静如镜，这里就成了深圳赏月的绝妙之处，而且园内还经常举办灯会、花展等大型观赏活动，是深圳市民十分热爱的一处散心漫步之处。

❸ 邓小平画像

　　邓小平画像位于荔枝公园东南口，始建于 1992 年 6 月 28 日，是深圳市标志性景观之一。邓小平画像自建成以来，每年约有百万游人来此与这位世纪伟人"合影留念"，已成为海内外游客缅怀这位改革开放总设计师的最佳去处。

链接　画像版本更迭

　　第一个版本制作于1992年，设计者为深圳美术广告公司设计师汪继斌，原题为《小平同志在深圳》；第二个版本制作于1994年，邓小平的服饰改为中山装，画上的标语也被改变为邓小平给深圳的题词；第三个版本制作于1996年国庆前，此版画像的标语改为"坚持党的基本路线一百年不动摇"。

　　目前的邓小平画像为第四个版本，完成于2004年8月，设计者为深圳大学客座教授张树国，此版最大的变化是邓小平身后的深圳景色，都是深圳的标志性建筑。此版画像高10.35米，宽30.47米，下面附有《邓小平与深圳》的巨幅文字介绍。

攻略

住宿　驴友力荐的住宿地

　　深南大道周边是深圳最繁华的商业街区，无论是几大公园附近，还是高校园区、商业中心，都林立分布着高中低不同档次规格的酒店和旅馆，住宿选择很多，交通出行十分便捷。

美食　饕餮一族新发现

　　由于深南大道沿线分布着华侨城、香蜜湖度假村、东门商圈等众多玩乐场所，因此各种中西餐厅、小吃酒楼都很多，南头古城附近也有不少美食摊点。

蛇口海上世界

深圳的"兰桂坊"

@jessica 在深圳提到海上世界，可能没有几个人不知道，对于很多国内旅客和外国朋友来说，海上世界都是来深圳旅游必去的地方，尤其是晚上，夜景极美。

@小丸子 海上世界是一座豪华游轮，里面有很多酒吧、餐厅，是娱乐休闲的好地方，特别适合晚上来。

门票和开放时间

门票：免费，其他消费需另付。开放时间：全天。

进入景区交通

位置：南山区蛇口太子路32号，深圳西海岸，蛇口半岛南端。

1.公交：景区交通便捷，共有204路、226路等多路公交途经这里。

2.地铁：乘坐地铁2号线至海上世界站（A口出）下车，步行即可到达。

景点星级

美丽★★★★★　　休闲★★★★★　　浪漫★★★★★　　特色★★★★　　刺激★★★　人文★★★

海上世界原为法国建造的一艘豪华游轮，原名ANCEVELLER，由著名的法国委纳译尔大西洋船厂建造，船高9层，长168米，宽21米，排水量为14000吨，1962年由法国总统戴高乐剪彩下水作为其专用豪华邮轮。1973年，中国购下此船，改名为"明华"轮。1983年，停泊到蛇口海岸六湾，经近半年的整修和装饰，便"摇身一变"成为了"海上世界"，成为中国第一座海上旅游中心。

如今的海上世界是以万吨轮为主体的海上多功能娱乐中心，其泊地东南方1.32海里内的6.5万平方米海域已辟为我国第一个人工鱼礁游钓区，向游人提供钓鱼、游艇、风帆、滑水、沙滩海水浴、快艇、潜水等娱乐服务。海上世界主要由明华轮、海上世界广场、女娲补天及其外景沙滩这几部分组成。

1 明华轮

明华轮共9层，主要经营酒店、大型主题酒吧、世界各国主题风味餐厅等。海上世界广场采用欧洲下沉式的广场设计，形成的围合空间可为人们提供宽松的社交场合、休闲娱乐及交流的人性化空间。

解说

明华轮拥有套房239间，船上有富丽堂皇的中西餐厅、英式酒吧、竹林酒吧、海鲜酒家、日本料理、舞厅酒吧、迪斯科舞厅、电影院、游泳池等，还展示西南洞穴文化、塞北奶茶、京城庙会、江南风情等。

海上世界广场由独具异域风情的西餐酒吧区、荟萃各国美食文化的特色餐饮区域构筑而成，同时以世界各地代表性的音乐、舞蹈、美食、人文风俗和工艺品为经营载体，给人一种异域之感。

② 酒吧街

在海上世界麦当劳店对面有一条精致的酒吧西餐街，酒吧街以外籍消费者云集为特色，所以异国情调颇为浓厚。这里的每一间酒吧、餐厅都追求简朴、舒适的家庭气息，食品也趋向家庭口味，长期生活在蛇口的外国人都把这里当成是自己的家乡。

这里是深圳吧文化的肇始之地，被圈内人士称为是深圳的"兰桂坊"。1987年3月30日，一位叫罗撒的外国人在太子路迎晖阁的底层开设了名叫"蛇窝"的一家私人俱乐部性质的酒吧，这大概是深圳的"第一吧"。如今，由海上世界广场起，沿太子路、海景广场、碧涛中心、迎晖阁、迎朝阁，一直到南海酒店，有着40多家洋溢着亚、欧、非、美世界各地异国情调的酒吧。

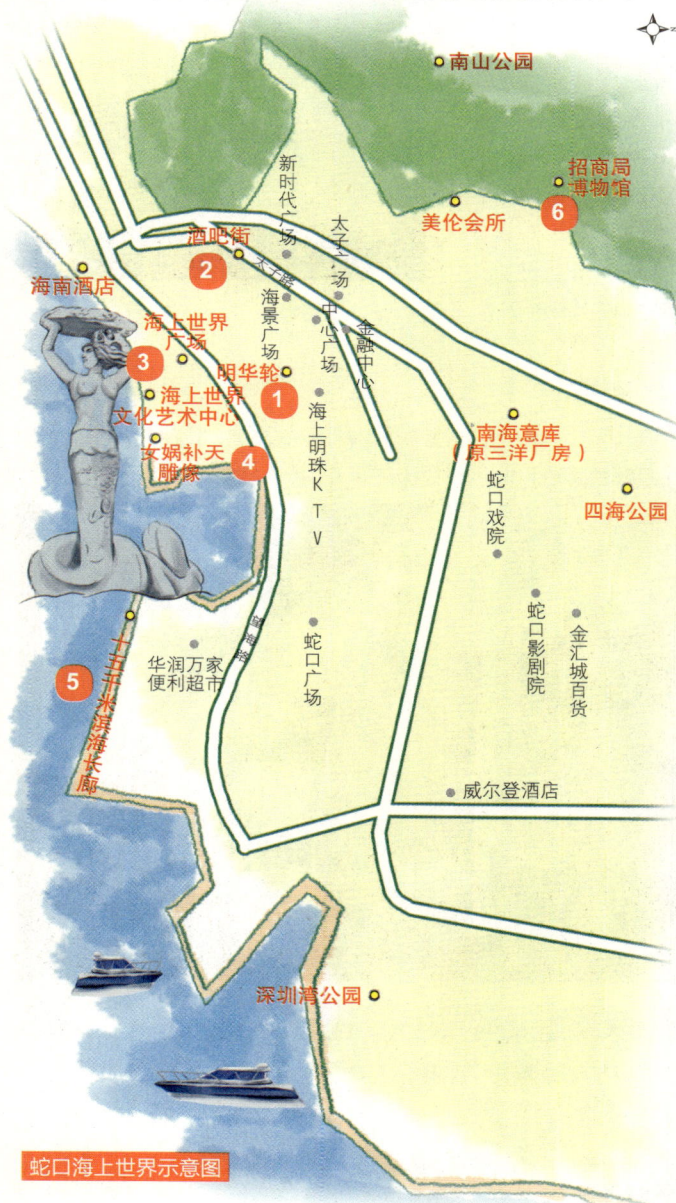

蛇口海上世界示意图

③ 海上世界文化艺术中心

海上世界文化艺术中心位于深圳市南山区蛇口片区，属于海上世界城市综合体。其建筑主体空间由世界建筑大师槙文彦设计。艺术中心内部由主展馆、V&A展馆、园景展馆、深圳观复博物馆、中国改革开放蛇口博物馆、联合国教科文组织创意城市网络交流中心六大展馆组成，另外还配备了剧场、教育和餐饮空间等。

④ 女娲补天雕像

在蛇口海滨六湾处还矗立着一座"女娲补天"雕像，雕像高约12米，全身用乳白色的石头雕刻而成。她人面蛇身，长发飘逸，手中托着一块巨石，眼睛凝视着远方。在雕像的前面石碑上刻着"女娲补天"4个大字，后面石碑上，刻着女娲补天的神话故事。

⑤ 十五千米滨海长廊

以海上世界片区 800 米海岸线水景为起点，沿滨海岸线直至红树林，集生活、休闲、运动、观光、旅游等多功能为一体的 15 千米城市海岸，是欣赏深圳湾海景的观景台和滨海城市的形象展示窗口。

⑥ 招商局博物馆

招商局博物馆位于蛇口沿山路 21 号，全面再现了招商局自 1872 年创立以来 130 多年的历史。清同治十一年（1872 年）李鸿章呈清政府设立招商局的奏折，1938 年招商局为阻止日军进攻在长江沉船的船体残骸，1979 年招商局创建蛇口工业区最早打开国门、推行改革开放的文件等一批反映招商局及中国社会历史的文物，是其特色馆藏。

攻 略

住宿 驴友力荐的住宿地

距离海上世界1千米以内就有数十家酒店，档次不同，价格也从一百多元到上千元不等，游人可根据自己喜好选择。

鸿隆明华轮酒店：酒店坐落在明华轮上，是国内第一家以海洋为主题的船体酒店。酒店大堂两部观光电梯内可将整个酒店的各公共区域景观尽收眼底。每间客房均由名师设计，5楼商务楼层设有行政酒廊，6、7层为深圳市目前最大的德国乐汶堡西餐现酿啤酒坊，德国酿酒师现场酿制啤酒，并配以激情的音乐，让人犹如置身于高级游艇派对之中。

位置：蛇口太子路海上世界广场明华轮。　电话：0755-26825555。

南海酒店：坐落于蛇口半岛蜗角的南海大酒店是深圳首家五星级大酒店，拥有总统房、公主房和395套高级客房及多间中西餐厅歌舞厅等。酒店建筑清静优雅，充满民族特色，柳林、棕橱、购物中心和海滨浴场连成一片，成为深圳独具一格的蛇口海滨旅游区。

位置：蛇口南海大道工业一路1号。　电话：0755-26692888。

明华国际会议中心：四星级豪华商务酒店，酒店背山面海，环境宜人，拥有各类豪华客房、公寓，并设有中餐、西餐、康乐中心等，同时拥有多功能会议厅10间。

位置：蛇口龟山路8号。　电话：0755-26689968。

泰格公寓：酒店有共计232间（套）房，从精致的单人公寓到经典的四房公寓应有尽有。每套公寓内配备全套家私电器及设备齐全的厨房，每日房间清理服务、多班次穿梭班车服务为商务、休闲出行提供便利。

位置：蛇口南海大道1033号。　电话：0755-26883333。

美食 饕餮一族新发现

蛇口太子路到海上世界广场，300多米的街边，排列着来自世界各地数十家餐厅酒吧。从法国大餐、美国牛扒、澳洲羊腿、东南亚咖喱到国内颇受欢迎的不同菜系，应有尽有。

老房子水岸风情食府（海上世界店）：海上世界商圈比较资深的川菜餐厅，环境清新优雅、菜品色香味俱佳，符合川菜辣鲜香的特色。六合鱼必点，鱼片鲜嫩，微辣而恰到好处。上上签、招牌鸡、腌椒蹄花、红豆煮青菜、红糖糍粑都不错。

地址：海上世界B区203-205商铺（工业二路喷泉处）。

人均：108元

观海酒家（山顶店）：这里坐拥360度山海景观的花园餐厅，琳琅满目的佳肴与美酒完美搭配，环境相当不错，很有格调，店里面值得推荐的有招牌私房鸡、清酒鹅肝、黄花鱼、麻婆豆腐等。

地址：观海路1号（微波山顶）。

人均：352元

皖厨（海上世界店）：知名的徽菜餐厅，臭鳜鱼、鸡毛菜、腊味煎糍粑、糖醋排骨、皖厨三宝、茭白肉丝等菜品非常丰富，环境、服务态度很好的，是一家性价比较高的餐厅。

地址：海上世界船尾广场1栋207室。

人均：82元

鑫泰泰国料理（海上世界店）：深圳泰国料理中的佼佼者，走进店门就能看到带有浓浓泰国韵味的装饰与艺术品，黑色的桌椅和软座，既时尚又稳重，给人宁静舒适之感。菜品精致美味，值得推荐的有冬阴功海鲜汤、碳烧猪颈肉、青咖喱牛肉。

地址：蛇口海上世界3区3楼。

人均：128元

PAULANER BRAUHAUS 德国帕拉娜自酿啤酒餐厅：餐厅里经常有歌手驻场表演，坐在室外的啤酒花园还能欣赏到美丽的音乐喷泉，脆皮烤猪肘外皮酥脆，咬下一口，满满的肉汁，小麦啤酒香味浓郁，口感也非常醇厚。

地址：海上世界C区。

人均：193元

娱乐 城市魅力深体验

海上世界号称深圳"兰桂坊"，是深圳最为古老的酒吧集中地，40多家洋溢着亚、欧、非、美世界各地异国情调的酒吧沿酒吧街一字排开，是深圳市民晚上消遣时光的必到之处。

lucky house bar幸运酒窝： 酒吧就在明华轮旁边，位置很好，夜景挺漂亮。可供选择的酒水很多，有无酒精鸡尾酒和果汁。这里整体布置非常小资。位置：南山区蛇口望海路1128号海上世界F1。

乐汶堡啤酒坊西餐厅： 这是一间德国西餐厅，坐落海上世界明华轮上。餐厅的设计理念以巴伐利亚风格为主，室内环境优雅，现场乐队表演，室外可欣赏音乐喷泉，提供有咖喱香肠、德国酸菜等正宗德国菜肴。位置：海上世界广场明华轮6—7楼（近南海酒店）。

麦考利爱尔兰酒吧： 以浓郁的文化气息、亲切的服务态度为世界各地的人们所喜爱。环境非常复古，木头的颜色、柔和的灯光加上爱尔兰音乐，仿佛置身爱尔兰人的家里。主要是提供爱尔兰食品和各种酒水，星期六晚上还有现场乐队演唱，非常不错。位置：海上世界广场118号（近南海酒店）。

水景秀： 位于明华轮东侧的水景广场。是深圳规模庞大、360度视角、喷射高度可达50米的开放式全景。水柱与激光烟花共舞，音乐与喷泉交响，无可比拟的水与火、光与影的视觉盛宴！

每晚演出时间：周日、周一至周四为19:00、20:00；周五、周六及节假日为19:00、20:00、21:00。每场约10分钟。

青青世界

生态观光农场

门票和开放时间

门票：80元。

开放时间：8:30—17:30。

进入景区交通

位置：深圳市南山区月亮湾大南山的半山腰上。

地铁：乘坐地铁5号线在荔湾站下车，步行即可到达。

景点星级

浪漫★★★★　休闲★★★★　美丽★★★★　刺激★★★★　特色★★★　人文★★

　　青青世界位于深圳大南山美丽的月亮湾畔，是深圳第一家以精制农业与旅游观光相结合的度假胜地，流畅的自然风情和古朴的人文景观相衬托，把久远的农垦文化点缀成远离都市喧嚣的田园风景。

　　走在充满田园气息的山路上，一片片成长中的生态瓜果园尽收眼底，鸟语花香，青青世界是一个让人与自然充分接触的绿色空间，是一个集科教与环保于一体的主题园林，园内随处可见用废弃物品做的环保艺术品，印象最深的就是用电风扇做的椅子，环保又实用。

　　景区有侏罗纪公园、陶艺馆、果园、茶亭、游戏区、民艺广场露营区、垂钓俱乐部等景点。在这里，人们可以感受具有"地球之肺"之称的热带雨林、富有动感的环保打击乐，参观凶猛而又美丽的亚马孙河鱼类展、蝴蝶农场里翩翩起舞的蝴蝶、瓜果公园的奇瓜异果，花卉超市里千姿百态的花卉。另外，景区内还有欧陆风情的木屋别墅、酒店客户、钓鱼池等，还可以参加足底健康步道、惊险吊桥、果汁屋、茶寮、烧烤场等。

　　农场内还建有山林木屋和树上旅馆，晚上可以在此"借宿一晚"。还可以在田园餐厅享受自耕自种的田园美食，或在红房子西餐厅的乡村酒吧喝一杯浓香的自磨咖啡。

攻略

　　1.青青世界还提供供游人参与的活动项目。客人可以在青青世界体验亲手制陶、池边垂钓、玩蜡雕、手工纺织、手编中国结、城市农夫、制作唐三彩陶版画、做蜡染、制作石头画等休闲娱乐项目。

　　2.在花卉超市内可以选购品种繁多的花卉、化肥、花具，参观室内庭院、阳台园艺的经典布置，还可以与园艺师交流花卉养护的知识和心得。

　　3.森林乐园是娱乐场所，里面设有摇滚木屋、泸定桥、齐心协力、小火车等游戏，走累了可以在里面歇息一下，玩玩游戏。

① 热带雨林

有"地球之肺"之称的热带雨林内物种丰富，是世界上生物学家、地理学家和探险家的乐园。走进青青世界雾气缭绕、空气甜美热带雨林，让人感觉仿佛是身临其境，那些爬树的青蛙、会吃虫的草、会变色的蜥蜴、来自亚马孙河重达上百公斤的海象鱼、独木成林的大榕树以及各种奇花异草，让人刹那间感受到"不知今夕是何时"的时空错位之感。

穿过雨林，登上彩虹桥，在蓦然回首间，更会发现有那"水彩蜡笔和万花筒也画不出的天边那一道彩虹"，让人惊叹大自然的美丽和神奇。

> **点赞**
> 👍 红岩 在青青世界里，可以远离都市喧嚣和拥挤，彻底放松心情，还可以爬山，锻炼身体。
> 👍 lumin1988 青春世界里面全部都是植物，特别是早上过去的时候里面的空气特别清新，适合休闲放松。

② 蝴蝶谷

蝴蝶谷是一个让生活轻松，让生命飞舞的昆虫乐园。蝴蝶谷占地几千平方米，利用自然山谷建成，以网连接，将山谷封闭起来，延绵数百米，谷中植被参差错落，有几十种数千只蝴蝶在里面生息繁衍，品种主要有巴黎绿凤蝶、蓝点紫斑蝶、柑橘凤蝶、枯叶蝶等。在这里，人们时时刻刻都能感受到大自然的博大、包容和返璞归真的那份恬然和舒适。

解说

蝴蝶谷是青青世界"森林小学"的第二课堂，配合学校的春秋游和课外活动，安排讲解人员向中、小学生介绍蝴蝶生态知识。

青青世界示意图

③ 瓜果公园

青青世界瓜果公园内种植了各类具观赏性和食用性的瓜果蔬菜，其中以蛇瓜、珍珠番茄、葫芦瓜、大南瓜等最具特色。青青世界的大南瓜引进美国品种，采用无土栽培和滴灌技术，克服瓜类植物不能连作的难题，一天可生长3—5斤，非常神奇。

攻略

瓜果公园内设有"城市农夫"自留地，游人可以在此亲手耕种瓜果，体验农村生活。一块2平方米的土地，租金为580元/3个月，在租用期间，凭地契一家三口（两大人一小孩）可随时免费入园耕种。瓜菜成熟后可自己摘回家细细品尝。

④ 陶艺馆

陶瓷被称为"火与土的艺术""以太古之土，用新鲜的火"烧制的艺术品，是人类最古老的工艺。青青世界陶艺馆不仅向人们展示陶的制作全过程：炼泥、拉坯、修坯、上釉、烧制，并提供游客亲手参与制作的机会，体验陶艺的浪漫情怀。

陶艺馆展厅内常年展出青青世界陶艺师傅精心制作的陶艺品，主要以佛山石湾窑为主要风格，反映日常生活的陶塑小品。

攻略

1.在陶艺馆内亲手参与制陶价格为90元/（人·次），儿童65元/人/次，如感兴趣可以试一试。

2.还可以在展厅内购买一件陶艺品当作纪念品带回家。

住宿 驴友力荐的住宿地

　　青青世界内有专为游人准备的山林木屋、树屋、豪华别墅、主楼客房等，青山绿水，鸟语花香，远离都市的喧嚣和拥挤，在蛙声中进入梦乡，在鸟语中醒来。

　　入住青青世界，均可免费享受游览青青世界主题景区、田园早餐，参与健身、游泳（限开放期间）、有教练指导的登山吐纳、八段锦等娱乐运动。

类　型	客房类型	价　格
建在树上的旅馆——爱巢树屋	树屋价格	280元
主楼客房	标准双人房	660元
	复式豪华房	900元
山林木屋	标准双人木屋	960元
	豪华三人木屋	1080元
	豪华行政套房	1480元
豪华别墅	二层别墅	4280元
	三层别墅	5800元

　　以上房价另收13%服务费。

美食 饕餮一族新发现

　　木屋别墅设有配套的西餐厅、农家风味的中餐厅和露天的烧烤场，此外也有商务套餐和快餐食品。

　　田园餐厅：餐厅环境很好，竹林、菜园、荷池、飞瀑环绕，空气清新，回廊婉转，更有冷雾徐来，宛如人间仙境，可在此细细品味田园野菜系列、台湾风味、妈妈厨艺精品、精选粤菜和湘菜以及炭烧系类，还可以吃到豆腐坊现场制作的豆花、豆干、豆腐皮等各种豆制品。

　　红房子西餐厅：红房子主要提供西餐，和铁板烧烤，经典西式精品有铁板黑椒牛肉饭、焗千层茄子配饭、焗猪扒饭、三酥龙利鱼、煎焗白灵菇、焗肉酱意粉、青青南瓜汤、海鲜合配石斑、日式烧牛仔骨、法式烧鸭胸等。

拓展训练 体能训练好去处

　　青青世界设有拓展训练中心，融合了野外、室内、心理、体能以及观念改造等体验的综合训练项目，主要拓展训练项目有：破冰、信任背摔、空中断桥、泸定桥、互助天梯、攀岩、障碍钢丝、双脚触铃、穿越电网、独木桥、徒手过墙等。 半天训练课程150元/人，1天训练课程230元/人。

行程推荐 智慧旅行赛导游

青青世界一日游

　　上午：参观热带雨林、侏罗纪公园、蝴蝶农场、陶艺馆、瓜果公园等，如遇节假日可观看表演《破铜烂铁环保打击乐》，心灵手语《一家人》《感恩的心》等。中午在景区内用餐。

　　下午：先参加同心协力、多拉快跑、袋鼠跳跃等游戏，然后前往吊桥、森林乐园等，最后进行捉泥鳅、钓鱼、制陶等活动。

赤湾胜概

深圳历史体现地

微印象

@四次元 赤湾天后宫挺有名的，是沿海地区最大的妈祖庙，每逢祭拜的节日，都会有很多人去烧香。据说这里香火很旺，可以前来试一试。

@wesley2003 赤湾是深圳少有的具有历史气息的地方之一，建议去看看赤湾左炮台，更能让我们感受到当年鸦片战争的激烈，感触比较深刻。

门票和开放时间

门票：天后宫15元，左炮台免费。

开放时间：天后宫8:00—17:30。

进入景区交通

位置：深圳市南山区半岛尖上。

地铁：赤湾地铁站是2号线和5号线之间的换乘站，在此下车离景区内的各个景点都很近。

景点星级

美丽★★★★★　休闲★★★★★　浪漫★★★　刺激★★★　特色★★★　人文★★★

赤湾胜概是以天后宫为中心，集海光山色、帝陵古刹、赤湾炮台、南山峰烟、武林圣地、历代碑刻于一身的壮丽景色。如今赤湾胜概的大多文物景点已修葺告竣，正以崭新的面貌迎接四海宾朋前来观光、旅游、寻根。

❶ 赤湾港

南山区是个半岛，赤湾就在半岛的尖上，属于港口区。赤湾港三面环山，呈"U"型港湾，紧临水深航道，多式联运俱全，是一个内河船舶和远洋水深巨轮均能靠泊的河口良港。港口距香港、澳门、珠海均在 20 海里范围内，水、陆路距广州约 150 千米。

❷ 天后宫

赤湾天后宫也叫天后博物馆，坐落在赤湾村旁小南山下，倚山傍海，风光秀丽。其创建远溯宋元末年，明清两朝多次修葺，是当时沿海最重要的一座天后庙宇，凡朝廷使臣出使东南亚各国，经过这里时必定停船进香，以大礼祷神庇佑。传说，郑和每次下西洋，都会到天后宫祭拜妈祖娘娘。现在的天后宫是深圳历史上最著名的人文景观，在国内及东南亚各国享有很高的声誉。

天后宫的整体色调是天蓝色，仿若海洋一般。在天后宫大门正前方是一堵天后圣母照壁，照壁上刻着"中华海神，天后圣母"8个大字，与照壁前的天后像相映生辉。照壁前左、右两旁，分别建有日月池、日为阳、月为阴，象征阴阳和谐、冷热有序、刚柔相济、生态平衡，也喻示天后圣母及其伟业与天地共存，与日月同辉。月池旁还有一眼神泉井，天然纯净，味道甘美，相传常饮此水乌发养颜，永葆青春。

天后宫的正殿古典而巍峨，是赤湾天后宫最负盛名的殿宇，也是瞻拜朝圣者必到之处。殿的正中塑有一尊天后宝像，通高 6 米有余，面容慈祥秀美，被信徒称为"最美的妈祖娘娘"。

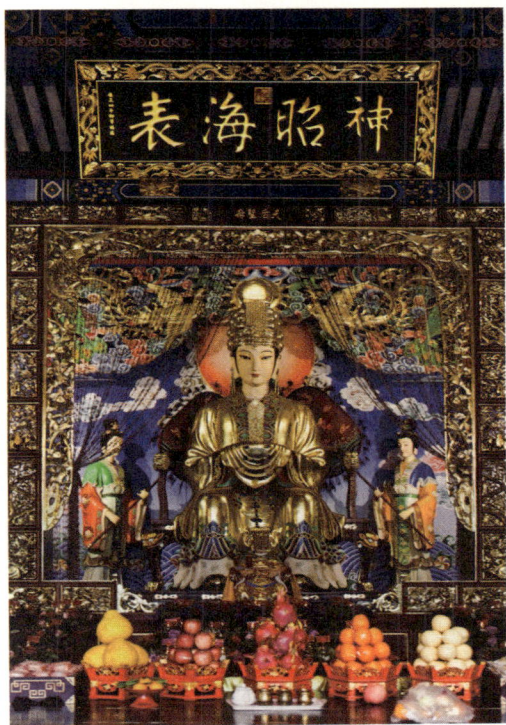

链接　妈祖娘娘

妈祖，是人们对海上女神的亲昵称呼，她是中国沿海和诸岛普遍崇奉的济难安航海神。相传，妈祖真名叫林默，小名默娘。默娘幼时就十分聪颖，长大后更是以行善济人为志，精研医理，教人防疫消灾。生长在大海之滨的林默还洞晓天文气象，会预测天气变化，提前告知船户可否出航，许多渔舟、商船都得到过她的帮助。

不幸的是，林默在28岁那年，为了救人不幸溺水身亡。从那以后，航海人中便有了传说，说经常能看见林默身着红装飞翔在海上，救助遇难呼救的人。从此，海船上的人们不但亲昵地称她为妈祖，而且逐渐也供奉妈祖神像，并在湄洲岛上兴建妈祖庙，以祈求航海平安顺利。

攻略

1.每年的3月23日是天后娘娘的生日，俗称"天后诞"。从"天后诞"的前半个月开始，每天都会有大批信徒赶来祭拜妈祖，非常热闹。

2.在天后宫的祭妈祖大典中，最特别的要数赤湾天后宫独有的"辞沙"祭祀大典。"辞沙"即辞别沙滩，投向茫茫大海。如今，"辞沙"祭祀活动虽然从沙滩转移到了宫庙，但仍然沿袭数百年前的习俗，保持原有的风貌。

2 天后宫

万豪月半山

小南山公园

赤湾公园

赤湾站

赤湾山

赤湾大厦

赤湾左炮台

友联大厦

3

海运大厦

赤湾港

1

赤湾胜概示意图

③ 赤湾左炮台

赤湾炮台始建于清康熙年间，当时修建有左、右两个炮台。鸦片战争期间，林则徐布防珠江口，曾重修赤湾炮台。广东水师提督关天培曾领兵在伶仃洋上击败英军，赤湾炮台为林则徐禁烟曾立下汗马功劳。

如今，赤湾炮台现在只剩下左炮台保存完好。已修复的左炮台挺立在海拔170米的鹰嘴山头，占地面积约360平方米。炮台城基用大块花岗岩修砌，全高约3米，北面是炮台城的入口，城内东西两厢，仍遗留两座房屋残基，是当年守炮台士兵的居屋。南面的高台宽约8米，是运用炮位的场地。

炮台西面的城墙上，两棵百年古榕树将它们的根须，深深地扎在城墙里，与城墙紧紧地纠结在一起，几乎与城墙融为一体，没有肥沃的土壤，它们却依旧枝繁叶茂。

左炮台北面是一尊林则徐全身铜像，塑于林则徐诞辰200周年的1985年。铜像高3.2米，重1.8吨，是中国最大的一尊林则徐铜像。雕像由著名雕塑家唐大禧创作，大理石底座正面，是已故书法家赵朴初先生题写的"林则徐纪念像"，北面镌刻着谢华先生撰写的碑铭。林则徐，这位伟大的爱国主义者，手持单筒望远镜，身佩长剑，凝视着波涛滚滚的伶仃洋，目光炯炯。

攻 略

住宿　驴友力荐的住宿地

赤湾距离蛇口海上世界不远，白天游玩赤湾之后，晚上可以前往海上世界住宿，酒店可选择范围也比较广。详情请参考本书"蛇口海上世界"攻略。

美食　饕餮一族新发现

赤湾餐厅比较集中，多集中在赤湾七路和赤湾六路上，有禅源居、赤湾西餐厅、口福居菜馆、潮汕卤水店等餐厅。

口福居菜馆：在赤湾算是比较好的餐厅之一，食物味道挺好，环境也可以，粤菜和川菜也都做到了水平之上。位置：赤湾七路9号。

11号码头：各种海鲜均比较新鲜，海鲜种类较多，兰花蟹、帝王蟹、明虾、鲍鱼等应有尽有，招牌菜是冰镇花螺，冰爽可口，味道不错。位置：赤湾商业街11号码头海鲜店。

赤湾西餐厅：餐厅装修比较有格调，食物味道好，推荐吞拿鱼卷和金沙牛肉。位置：赤湾六路10号。

赤湾大饭堂：酒店环境整洁舒适。菜品都还不错，分量大，性价比高。位置：南山区赤湾六路18号山海逸居二层。

沙滩离不开海，海离不开港口，海水涌进这里，潮起潮落就像人生。

深圳野生动物园

中国第一家放养式动物园

@ooivv 动物园很大，有大猩猩、袋鼠、天鹅等各种动物，很有意思，孩子很喜欢。夏天去的话蚊子较多，最好喷点防蚊水。

@amyhu3876 来过动物园好几次，最近一次来还新增了两只熊猫。另外，还有新的游乐设施，非常有意思。

门票和开放时间

门票：成人票240元，儿童票140元，夜场票80元。

开放时间：9:30—18:00，夜场入园时间：18:30—21:00。

进入景区交通

位置：深圳市南山区西丽湖东畔。

地铁：乘坐地铁7号线到终点站西丽湖站下即到。

景点星级

休闲★★★★★　美丽★★★★　刺激★★★★　浪漫★★★★　特色★★★　人文★★

深圳野生动物园建于山清水秀的西丽湖东畔，海浪汹涌的大鹏湾北岸，毗邻麒麟山庄和深圳大学城，是一家返璞归真的开放式动物园。园内奇异多姿的飞禽走兽、幽雅恬静的自然环境、布局独特的园林设计，在国内都是首创的。还有那别具情趣的百鸟乐园、儿童乐园、猴山、鳄鱼湖、水族馆、鹦鹉小径、观景天桥和瞭望塔等让人流连忘返。

整个动物园划分为3个区域，即食草动物区、猛兽区、表演区（步行区），其中猛兽区惊险刺激；水禽湖里波光潋滟，成群的鸟禽嬉戏追逐；草食动物区里群兽徜徉；4个动物表演馆里都有精彩的演出。

园内放养着300多个品种、1万多头（只）野生动物，这些动物除来自全国各地外，还来自世界各洲，有不少属于世界珍禽名兽和我国一、二级保护动物，如华南虎、金丝猴、东北虎、火烈鸟、麦哲伦企鹅、长颈鹿、斑马、亚洲象、丹顶鹤、犀牛等，还有动物园自己繁殖十分珍稀的众多虎狮兽、狮虎兽。目前，深圳野生动物园是世界上唯一拥有虎狮兽和狮虎兽的动物园。

❶ 表演区

表演区内有鳄鱼池、动物瞭望塔、水族馆、动物表演场、杂食动物馆、猴山、美洲鬣蜥馆、猿猴村、中型猛兽馆、熊猫馆等，每天均安排多场精彩的动物表演，特别是大型动物广场艺术表演《百兽盛会》，由300余名演员和近千头的动物出场，节目刺激惊险，场面神秘壮观，是目前世界动物园中绝无仅有的大制作，使人有"体验野性，回归自然"之感。

链接　表演节目表

动物园内每天都会有海狮表演、鸟类表演、马戏表演、群虎群狮群象表演等，场场表演新奇有趣。

演出节目	演出时间	演出地点
欢乐的海洋	周一至周五：12:30、14:00、16:30 周六、周日及法定节假日：12:30、14:30、17:10	海洋天地·欢乐剧场
百兽盛会·森林宣言	周一至周五：15:00 周六、周日及法定节假日：16:30	百兽盛会大表演场
马戏小镇	周一至周五：12:00、14:00 周六、周日及法定节假日：12:00、14:00、15:00	马戏馆
调虎离山	周一至周五：11:00、13:00、14:00（周三停演） 周六、周日及法定节假日：10:30、12:00、13:00、14:00、15:00	虎跳峡
象模又象样·科普秀	周一至周五：11:00、13:30 周六、周日及法定节假日：11:00、13:30、15:00	野象谷
群鹦荟萃	周一至周五：11:00、13:30、15:00 周六、周日及法定节假日：11:00、12:00、13:00、14:00、15:00	鹦鹉剧场
人鲨共舞	周六、周日及法定节假日：14:00	海洋天地·鲨鱼馆
野性的呼唤	周六、周日及法定节假日：12:50、13:50	天鹅湖畔圆形舞台

注：由于园内表演节目时有调整，请以当天园区公布时间为准，也可关注动物园官网消息。

野生动物园里的长颈鹿。

2 猛兽区

猛兽区将原乘车式游览改为玻璃廊桥式自由参观，并命名为猛兽谷。玻璃桥面高2.3米，800米长廊全无遮拦，人们可以隔窗喂猛虎，桥头钓狗熊，与猛狮拔河，观猛兽百态，令人有"临桥观虎斗，隔窗听狮吼"之感。

这里不仅有世界罕见的白虎，还有东北虎、美洲虎、孟加拉虎、非洲狮、灰狼、黑熊、棕熊、马来熊、非洲野狗、缟鬣狗、非洲猎豹、黑豹、雪豹、金钱豹，更有深圳野生动物园自己培育繁殖的世界上存活时间最长的狮虎兽，还有全球最大的狮虎兽群。猛兽谷是我国目前物园当中猛兽品种最多、面积最大、观赏效果最好的大型猛兽散放区之一。

链接　动物明星

加州海狮：加州海狮全身披粗毛，雄兽颈毛鬃状，海栖，成群活动。白天在海中度过，晚上到岸上睡觉，可下潜100米。听觉、嗅觉特别好，主食各种水生动物。

非澳海狮：大非澳海狮分布在北太平洋，呈纺锤形，四肢鳍状、头圆、短吻、眼大、耳壳小、体披粗毛和绒毛。体色灰黑，腹面橙褐，仔兽较黑。它们属于多配偶型，每年的5月是非澳海狮的繁殖季节。

海豚：体型较小的鲸类，共有近62种，分布于世界各大洋，主要以小鱼、乌贼、虾、蟹为食。海豚是一种本领超群、聪明伶俐的海中哺乳动物。

绯胸鹦鹉：栖息于海拔不高的山麓林带，群居，日行性，夜间与八哥、鸦类混群栖于树上，留鸟。树栖，善攀缘，嘴脚并用，沿直线飞行，喜鸣叫，声音响亮、粗犷，经训练能仿人言。

金刚鹦鹉：产于美洲热带地区，是色彩最漂亮、体型最大的鹦鹉之一，寿命最长可达80年。金刚鹦鹉学话能力较强，可饲为玩赏动物，但需笼室宽大以便飞翔。

3 海洋天地

海洋天地是集大型海洋动物表演、海洋生物展览、科普教育、休闲娱乐以及特殊疾病康复等多功能为一体的现代化海洋主题公园，目前海洋天地已经进驻的海洋动物包括热带斑点海豚、加州海狮、美洲海狮、黑鳍鲨、白鳍鲨、柠檬鲨、龙胆鱼、海鳐、黑鳐等品种。大型海洋动物歌舞剧《欢乐的海洋》将维亚高空杂技、高空滑稽惊险跳水、海洋动物表演等多种舞台技术与精彩的海洋动物表演有机结合在一起，实属国内首创，国际一流。

海洋天地的剧场里有大型海洋动物歌舞剧，它们主要将维亚高空杂技、高空滑稽惊险跳水、海洋动物表演、陆地动物表演等多种舞台技术与精彩的动物表演有机结合在一起。

住宿 驴友力荐的住宿地

　　动物园位于西丽湖畔，距离西丽湖度假村非常近，晚上可以住在度假村内。西丽湖度假村现有豪华客房及标准客房共365间，同时还修建有众多体育休闲娱乐项目，有高尔夫球场、网球场、保龄球馆、射击场、赛马场等，体育项目多达20余种。此外，度假村内还有卡拉OK、垂钓中心等休闲场所。

　　位置：深圳市南山区西丽湖路4001号。

　　电话：0755-26511888。

美食 饕餮一族新发现

　　西丽湖度假村内的凌波阁酒楼为三星级食府，供应以粤菜、东北菜为主的中式精美食品，旋转餐厅和大堂酒吧主要提供西餐。

　　此外，动物园周边也分布着一些餐厅，满君廷酒楼（南山区西丽湖路4038号野生动物园正门对面，电话：0755-26626666）、老友记农家菜（南山区西丽湖路4112号，电话：0755-86301433）、亚咖啡SIA CAFÉ（西丽平山民企科技园5栋北1层，电话：0755-86563691）。

行程推荐 智慧旅行赛导游

　　10:00—17:00游览最佳路线为：长臂猿群岛—雉鸡鸟类—条街—食草动物区—爱情湖—企鹅岛—鸟类表演馆—猿猴村—海洋天地—杂食馆/熊猫馆—群虎群狮表演馆—珍稀鸟街—猛兽谷—百兽盛会—儿童乐园—动物学科普馆—动物宝宝乐园—出口。

　　15:00以后游览最佳路线为：海洋天地—百兽盛会—杂食馆/熊猫馆—珍稀鸟街—动物学科普馆—动物宝宝乐园—出口。

凤凰山森林公园

俯瞰宝安的最佳地

@Jonny91 凤凰山是深圳西部最有名气的山，山上凤岩古庙，主供观世音菩萨，有凤舞、莺石点头等古迹，仙洞供奉的是白衣观音，心诚则灵，是参拜的好去处，山顶望烟楼是最高点，山高路陡，甚是吃力。

@CFT01 凤凰山无须门票，和仙湖植物园一样，山中也有古寺庙供游客烧香祈福。山里绿树成荫，空气清新。山顶风光无限好。天朗气清时，亦是顶峰景色绝佳时。若想一览宝安片区风貌，凤凰山是不错的选择。

门票和开放时间

门票：免费。

开放时间：6:00—22:30，夏天18:30封山，冬天18:00封山。

进入景区交通

位置：深圳市宝安区福永街道凤凰村。

交通：乘坐公交车778路在凤凰山森林公园站下车即可。

景点星级

美丽★★★★★　休闲★★★★　刺激★★★★　浪漫★★★★　特色★★★　人文★★★

据清康熙年间《新安县志》记载："凤凰岩，在茅山之北，巨石嵯峨；广数丈，洞澈若堂室，相传有凤凰栖于内，故得名"。且凤凰山在清朝被列为新安八景之一。

凤凰山属粤东沿海莲花山系，最高峰大茅山海拔376米。山下的凤凰古村是文天祥族人后裔的祖居和民居，始建于宋末年初大德年间，被《深圳市紫线规划》列为六大重点古村落之一。山顶的凤岩古庙是文天祥的曾孙文应麟为了纪念文天祥所建，迄今已有600余年历史。

凤凰山最重要的文化——"福文化"，它在元末明初对文天祥的祭祀里传承并发扬光大，凤岩古庙是深圳非常重要的一处祈福胜地。由于凤凰山的福文化，凤凰山因此被称为"凤山福水福盈地"。

① 宝塔胜景区

宝塔胜景区位于凤凰山南麓，由位于岭下村的"凤凰文昌塔"及沿着登山石阶路的"朝阳灵犬石""普门示现牌坊""青牛跃涧留仙迹""圣水玉泉""轻径风琴"等景点组成。

普门示现牌坊：牌坊正面刻着"要渡自渡"，背刻"普门示现"，是现居香港宝莲寺凤岩古庙旧主持慧太师所题。

圣水玉泉：建在石级道上，半山亭侧，相传是观音大士想游人爬山到此，已经是口干颈渴，特幻化一道伏流云泉在半山亭侧，以便游人解渴，品泉聊憩。

松径风琴：在登山石级道上，活途松荫蔽日，清风徐来，松盖上奏起铿锵声调，有如八音并奏，弦管齐鸣，在清代已被列为凤岩八景之一。现在路旁，尚竖有"松径风琴"古碑一方。

② 古庙胜景区

古庙胜景区是凤凰岩风景游览区的主体部分，有盘山公路和石阶小路通到本区，以始建于1297—1307年间的凤凰庙为主体，配以众多的自然景观，分别为："净瓶露""莺石点头""凤凰仙洞""长寿仙井""合掌枕流"等，峭壁上留下了历代文人墨客的题咏，还有新建综合大楼和望海楼。

凤岩古庙：始建于宋末元初，屹立在凤凰山的半山腰，依山傍海，殿宇恢宏，香烟缭绕，晨钟暮鼓，成为深圳乃至周边地区重要的佛教文化中心之一。该古庙是文天祥的曾孙文应麟所建，一则供奉观音老母，二则纪念文天祥，迄今已有 600 余年的历史。庙内建有文天祥纪念馆和应麟亭，以纪念文氏先贤。

净瓶洒露：是一个巍峨的大石头耸立在古庙和莺哥石相连的区域，石头中间连成一大洞，幽静雅好。游人可以攀登到石顶，眺望海景。石旁有明代进士郑士忠所题"净瓶洒露"石碑。

凤凰仙洞：凤凰山中有一天然石岩洞，称做"仙洞"，仙洞内供奉观音。传说曾经有凤凰栖宿其内，所以外面的岩石叫"凤凰岩"。

合掌枕流：是由两座巍峨巨石相挨叠成的，形状很像双掌合在一起，所以古称为"合掌石"。

长寿仙井：位于凤岩古庙旁。传说此井之井穴是观音大士所点，专为游客清暑解渴而设的。井水甘香馥郁，长饮可强身益寿。清朝番禺的举人陆莫邦到此游玩后，为其竖碑。

❸ 晚霞胜景区

晚霞胜景区主要景点为"云顶参天"，又称飞云顶，是凤岩古庙背后的鳌峰，海拔 309 米。明朝新安进士郑文炳曾留下"扶节直上飞云顶，举手不觉摩苍冥"的佳句，"云顶参天"为古凤凰岩八景之一。

攻略

由云顶参天处可分为南、北二路参观：南路直通最高峰——大茅山，沿途有猪兜石、万蝠洞、石乳清湖、烟楼远望（大茅山顶的望烟楼）等景点；北路有试剑石、伶仃奇石、较剪石等景点。

攻略

驴友徒步好线路

凤凰山为避暑胜地，位于城北30多千米处。山势嵯峨挺拔，主峰凤鸟髻海拔1497.8米，素有"潮汕屋脊"之称，也是粤东第一高峰。这里既有巨石岩洞，又有瀑布溪流；既有苍松翠竹，又有奇花异草，自然风光绚丽多姿。山上气候凉爽，气象万千。

线路推荐：求雨坛—凤凰山公园

乘银湖至凤凰村的301、310路或其他往机场方向大巴，过西乡、深圳航空城、鹤洲立交后在黄金灯饰厂下车。往北下穿广深高速公路，面前即是求雨坛山。

上山可沿土质公路，也可正欢山顶直接攀登。几乎都是在荔枝树间穿行，只接近山顶一段较陡，不太难走。约40分钟至顶，绕电视台围墙再沿大院东面正门公路北行。十多分钟后公路左转下山，在左前下方可见东方英文书院。此时需向右前方向上到山脊，一路沿山脊向北行走。道路开阔易行，经大茅山、二茅山、四茅山，约2小时到凤凰山公园。

在大茅山山顶有标志铁架、巡山人小屋，并可遥望公园观景亭。凤凰庙前有区内小巴约10分钟至凤凰村公交总站，之后乘坐301路公交车即可返回市内。

观澜湖旅游度假区
高档养生度假地

@sozh1983_21415 度假区景色优美，除了迷人的风景和完备的休闲娱乐设施，会所内还有多间食肆，为客人提供中、西及东洋的风味美食，很不错。

@我爱张小凡 难得来一次观澜湖，环境非常美，很适合在忙碌之余全家来这里度假，就算不打球，漫步在如茵的草场上心情也十分开阔。

门票和开放时间

门票：进入旅游区无须门票，高尔夫球场、SPA会馆等消费另计。

开放时间：9:00—18:00，如有高尔夫球比赛，不对散客开放。

进入景区交通

位置：深圳市宝安区观澜湖镇高尔夫大道1号。

1.公交：可在深圳市中心乘坐轨道交通龙华线，在清湖站下车（D口出站），步行至公交"清湖社区工作站"乘坐m338路，在高尔夫球场站下车，即到达观澜湖旅游区。

2.大巴：从福田汽车站乘312路巴士直达高尔夫球会门口。

景点星级

美丽★★★★★　休闲★★★★★　浪漫★★★★★　刺激★★★　特色★★★　人文★★

深圳观澜湖度假区是获得吉尼斯世界纪录认证的世界第一大高尔夫球会，度假区内不仅有充满东南亚园林风情的五星级度假酒店，还拥有久负盛名的5大国际锦标赛标准球场。

整个度假区位于深圳市北部郊区。环境十分优美，区内还设立了专门的高尔夫学院和练习场，在休闲度假的同时，学习或者进一步提高高尔夫球技会是不错的选择。此外，舒适高档的水疗、设施齐全的健身场馆、精致地道的美食餐厅等配套建筑也十分齐全。无论是商务旅游、家庭度假，抑或是朋友聚会都能满足你的需求，鸟语花香的环境、宁静惬意的氛围，绝对是暂时逃离城市喧扰的不二之选。

❶ 高尔夫球会

观澜湖高尔夫球会是中国第一个拥有72洞球会，亦是中国唯一获得国际高尔夫球巡回赛事会认可的国际比赛球场。同时，球会设有灯光夜场、对公众开放之高尔夫球练习场及中国唯一在高尔夫球场内的五星级骏豪度假酒店和亚洲最大的网球中心。

区内建有俊岭球场、龙岛球场、好望角球场等多个各具特色的高尔夫练习和比赛场地。每个球道都有黑、金、蓝、白和红5个发球台，分别适合职业、高级业余、业余、初学者和女士。球会独具的设施还包括3个全码练习球洞，分别为3杆洞、4杆洞和5杆洞，并有两个长度为300码的真草练习场。

攻略

1.好望角球场和俊岭球场中均设9洞的灯光高尔夫，开放至凌晨二时，将一天内可打球的时间延长至20小时，令会员和嘉宾们尽享高球之乐。

2.价格：果岭平日500元/9洞，900元/18洞，节假日850元/9洞，1530元/18洞；球童50元/9洞，100元/18洞；球车单人200元/9洞，400元/18洞，双人180元/9洞，360元/18洞。

点赞

👍 grdtertewt 观澜湖，湖光山色，果岭青翠，令人着迷，生活于此，有如置身于世外桃源。

👍 跑车控 这里是世界500大、亚洲最大球场，每个球道都有黑、金、蓝、白和红5个发球台，分别适合职业、高级业余、业余、初学者，非常强大。

❷ 乡村俱乐部

充满热带气息的乡村俱乐部拥有 58 个打球位的高尔夫练习场、健身中心、射箭、桌球、自行车、乒乓球、篮球、羽毛球等体育运动设施、高尔夫专卖店、儿童娱乐场、百乐门夜总会、中餐厅、贵宾房等综合休闲设施。俱乐部内的大卫利百特高尔夫学院有"世界第一高球学院"之称，学院的教练来自世界各地，他们拥有丰富的知识以及多年的教学经验，是每个高尔夫爱好者的最佳选择。

❸ 观澜湖会所

占地 3 万多平方米的观澜湖会所是亚洲最大的会所。内设游泳池、桌球厅、壁球厅、乒乓球厅、儿童游乐区，以及一个可举行篮球、排球、羽毛球和 5 人足球赛的标准室内体育中心。健身房全部采用最新"Cybex"设备，一天的运动之后，还可在康体中心洗去一身疲惫，享受这里的全身、足部按摩，按摩泳池和美容护理。

攻略

除了迷人的风景和完备的休闲娱乐设施，会所内还有多间食肆，为客人提供中、西及东洋的风味美食，宽敞的会议室和宴会厅足以举行大规模的商务会议和各类活动。

❹ Spring Hill水疗中心

度假区的水疗会所提供各式护理服务，可以满足不同顾客的不同需求。Spring Hill 会所内拥有十分完备的水疗设施，采用中西结合的疗法，结合传统精髓，让客人在进行护理的时候能够舒适享受来自两种文化的疗法。这里的 SPA 馆还有足部中心和中医理疗房，当一天的游玩和练球结束后，到这里来按摩一下调适身心将是非常不错的选择。

攻略

营业时间：10:00至次日0:30。

推荐项目：面、颈及眼部钻石纯氧冰肌护理，共90分钟，可以迅速给肌肤补水；高球及运动舒缓按摩，共90分钟，可以深入舒缓肌肉酸痛；亲子水疗，包括手足部护理、面部护理、身体护理、全身舒缓按摩等，陪着孩子体验人生中第一次SPA，将是非常有乐趣的事情。

攻略

住宿 驴友力荐的住宿地

　　球会内设有五星级酒店观澜湖度假酒店，酒店设有高级豪华客房、高级行政客房、高级尊尚客房、高级尊尚套房、高级尊尚家庭套房、总统套房，客房内均配有平面液晶电视机、ipod播放器、有线及无线宽频上网等，酒店还配有儿童乐园、水疗中心、游泳池、餐厅、酒水吧等配套设施。客房价格从1380元至38800元不等。电话：0755-28020888。

美食 饕餮一族新发现

　　观澜湖特设山景阁、千树里餐厅，主要供应多种本地经典及环球西式美食、四季日本料理等，骏豪轩及桃源春晓餐厅则提供传统中式点心、亚洲特色菜肴，以及广东、上海、四川等地道中国美食。酒店米兰吧更有巴西自助烧烤，满足不同客人的饮食需求。推荐美食有陈皮骨、观澜狗肉、乳鸽、乌头鱼、烧鹅等。

观澜山水田园 旅游文化园

大都市里的世外桃源

微印象

@小兰蓝岚 观澜山水景色非常好！值得一去！里面有温泉，有趣味的动物园，可以划船，还有果园！住宿和垂钓，等等！非常丰富！地方在观澜偏了点，但值得一去！

@gz1010 是一座现代都市人的世外桃源，依山傍水，浑然天成，富有真趣。园区交通便利，离深圳国际机场、火车站仅40分钟车程。是深圳唯一一家集餐饮、客房、温泉、康体娱乐于一体的生态旅游景区。

门票和开放时间

门票：套票128元（景区入园门票+温泉门票）。

开放时间：温泉10:00—次日2:00，娱乐项目8:30—18:00，水上乐园仅5月—10月开放。开放时间：10:00—21:00。

进入景区交通

位置：深圳市宝安区观澜镇环观南路山水田园旅游文化园。

地铁：乘坐地铁4号线在清湖站下车后，换乘m339即可到达。

景点星级

休闲★★★★★　美丽★★★★　浪漫★★★　特色★★　刺激★★　人文★★

　　踏进毗邻观澜高尔夫球场的山水田园旅游文化园，展现在眼前的是一片秀美的世外桃源风光。清波荡漾的湖泊镶嵌在绿野之中，宛如少女的明眸脉脉含情。湖岸边垂柳依依，轻拂水面。水转筒车，吱吱呀呀吟唱着乡村古老的歌谣。放眼望去，青山叠翠，小桥流水，楼台亭榭错落，宛若陶渊明笔下有"良田美池桑竹之属"的桃源画境。

　　观澜山水田园旅游文化园占地30万平方米，集美食、住房、温泉、游乐、演艺、拓展、水上乐园为一体，依山傍水，浑然天成，富有真趣，是一个岭南客家水乡风情、生态田园情趣、民俗文化、国画产业为特色的国家级旅游景区。

❶ 森林矿泉水疗SPA

　　深圳第一家散发着大自然清新气息的"森林矿泉水疗SPA""水疗中药谷"便藏身于观澜山水田园绿色的怀抱中。在森林矿泉水疗SPA中，不仅可以健美体形、美化容颜、修心养生，更可以感受花草雨露的滋润，让疲惫的身躯由内至外充满新的生机。

❷ 康体娱乐

　　山水田园旅游文化园内不仅有美丽的风景，更设有很多非常惊险刺激的娱乐设施。在这里游客们不仅可以体验到乡村茶阁、茶马古道、农家果园、小河捞鱼等充满农家乐趣的项目，更能享受到无与伦比的动态刺激，园中现设有开心嘉年华、爱心动物园、水上乐园、野战基地、空中飞人、演艺广场等多种休闲娱乐项目可供选择。

攻略

　　在花木馥郁的山水田园的就餐，远离了繁尘喧嚣，品尝最原汁原味的乡村美食自然是必不可少的，风味独特的客家菜、潮州菜、海鲜，火锅等，都是来到这里不可不尝的舌尖饕餐。
　　另外，山水田园中还建有独具岭南客家风情的259间山水客房可供住宿，环境优美，服务周到。

光明农场大观园

绿色环保的天堂

微印象

@深圳中仁 光明农场是深圳的一个好地方，清闲好去处，如果人多的话可以去这里享受一下。

@深圳栗粒星 农场空气很清新，环境悠然，里面种植了很多的有机蔬菜、水果，还有一些动物，想吃什么就自己动手，卫生健康。

门票和开放时间

门票：大观园成人票60元；滑草场80元；马术体验140元。开放时间：9:00—17:30，17:00停止售票。

最佳旅游时间

光明农场四季皆适宜前往观光，各季特色不一。

进入景区交通

位置：光明区光明街道办事处光明生态旅游区（近光明高尔夫球会）。

公交：乘坐b873路公交到滑草场总站下车，步行可到。

景点星级

休闲★★★★★　美丽★★★★　刺激★★★　浪漫★★★　特色★★★　人文★★

光明农场占地 55 平方千米，拥有 31 平方千米山林和上万亩果园，森林覆盖率达 70%，7 个水库和众多的鱼塘明珠般洒落其中，到处青山绿水，恍若世外桃源。农场拥有全国最大的滑草场及滑车场、亚洲最大的鸽子城、风光迷人的天鹅湖、牛奶生产基地、万亩荔枝园及长乐亭，可以滑草、摸鱼、射箭等。

农场拥有"晨光"乳业、"卫光"生物制药、"光侨"西式肉制品等知名品牌以及房地产、机械设备安装等产业，农科大观园是国家农业科技园区核心重点项目。

农场中的农科大观园是国家农业科技园区核心重点项目，有奶牛示范基地、蚕桑文化科普基地、奇异瓜果世界、特种养殖展示基地、生态果园和休闲山庄等主题区域。在此可品尝乳鸽的美味、牛奶的醇香、水果的鲜甜，观赏奶牛的风姿及"落地皇鸽"的神采。

光明滑草游乐园四周环山，环境优美，园中滑草场滑道最长处 300 米，落差达 23 米，滑草时还有专业教练指导。园中还有滑车、摸鱼、蹦极、射箭等丰富多彩的娱乐项目，既可运动健身，又可娱乐休闲。

光明拓展训练营位于滑草游乐园内，在清新自然的环境中融入一定的拓展训练项目和团队游戏项目。训练基地有完善的设施、丰富的项目和专业的教练。

光明农场大观园示意图

桑果园
草莓园
乐活农场
奶牛饲养基地
猪猪乐园
樱花园
野战营
梅花鹿
鳄鱼池
烧烤场
品奶厅
拓展集训营
儿童乐园
光明骑士会
亲牛园
仙人掌植物园
花卉观赏馆
旱地滑雪
花卉种植馆
办公室
庄园巨星馆
瓜果采摘馆
奇趣农艺馆
葡萄园
黄皮果园
台湾青枣
池塘

攻略

1.景区提供收费导游讲解和导游机出租服务，为游客规划游览线路，介绍景点知识。

2.游客中心免费提供导游图、画册、音像制品等游览资料借阅和观看服务。设置有电脑触摸屏，游客可通过电脑触摸屏登录景区网站，详细了解景区服务项目，选择合适的游览活动。

3.每年12月至次年3月是盛产草莓的季节，届时将有很多游客来采摘和品尝。

4.农科大观园每天都会有表演，时间为：自动化挤牛奶（表演场）：10:00、15:30，手工挤牛奶（亲牛园）：10:30、11:30、14:30、16:30，小动物剧场（猪乐园）：11:00、13:00、15:00、16:30，丰收广场表演：12:00、14:00。

点赞

👍 逸然隅 光明农场在深圳应该还算是不错的，吃的不错，玩的也可以。这次主要是奔乳鸽去的，吃完之后感觉还可以，农场的景色也很漂亮。

👍 keke4RE33 在深圳受够了城市里的高楼大厦，到这里享受一下田园风光，放松一下，不失为一种休息。

攻 略

住宿 驴友力荐的住宿地

农场附近有很多档次的酒店可供选择，价格相比市区来说都比较亲民，推荐有维也纳国际酒店（光明大道与华夏路交汇处润鑫大厦，电话：0755-28235999）、禧程酒店（光明街道光翠路南10号光明广场，电话：0755-27881118）以及凯林酒店（光明街道光翠路正力时代广场，电话：0755-86029991）。

美食 饕餮一族新发现

红烧乳鸽、甜玉米、牛奶、荔枝等绿色食品是光明四宝，有滋阴补肾、强身健体的功效，不可不尝。此外，还可以在农场内喝到晨光饮料公司出产的各种饮料，吃到光侨牌西式肉制品，还有各大果场的优质荔枝、芒果、龙眼、黄皮、柑橘等岭南佳果。

羊台山

深圳西部最高峰

微印象

@forthird 羊台山森林公园是一个很不错的地方，里面的参天大树很多，空气很清新。带着干粮，与一帮朋友去登山，非常不错，又可锻炼身体，又可以结交很多朋友。

@victor_zxw20 适合普通的登山爱好者，难度不算太大，上到山顶大约需要两个半小时。山路指引详细，山顶是一片平台，可俯视深圳的全景。

门票和开放时间

门票：免费。

开放时间：全天。

进入景区交通

位置：深圳市宝安区羊台山。

公交：深圳市内可乘332、624、866、882、e12等路公交车至"羊台山"站下车。前往羊台山瀑布，可从西丽乘370路车到龙华镇，再转龙华至石岩的中巴到赖屋山水库下，沿溪而上即可到。

景点星级

刺激★★★★　美丽★★★★　休闲★★★★　浪漫★★★　特色★★★　人文★★

羊台山气势宏伟，风光秀丽，海拔高度 587 米，是深圳西部的最高峰。抗日战争时期，当地人民和东江纵队上演了震惊中外的"大营救"，从沦陷的港九孤岛抢救出了茅盾、何香凝、邹韬奋等著名爱国人士，羊台山也因此被称作英雄山。

羊台山雨量充沛，气候宜人，是深圳河流的重要发源地，山下分布着石岩、铁岗、西丽、高峰和赖屋山等 10 多座水库，每逢雨季，云烟缥缈，变幻莫测，山上林木繁茂，野生动物出没其间。羊台山还有溪之谷、嫩七娘岽等胜景。

位于羊台山下的"溪之谷"乡村俱乐部会所占地面积约 15 万平方米，建筑风格以苏州建筑风格为主，现有客房 60 间。该俱乐部地块南高北低，地形起伏多变，山谷溪流贯穿其间，溪谷深切，水流跌宕，水质清澈，景观优美，有丰富的动植物资源。

故事　嫩七娘岽传说

嫩七娘岽是羊台山的主峰之一，海拔高度 410 米。相传，古时宝安遭到了百年不遇的大旱，农田开裂，庄稼枯死，人畜饮水极为困难，甚至有的地方出现了人和牲畜渴死的惨状。

南头城中有 7 位心地善良的姑娘不忍心人们的痛苦，决心以自己的诚心祈求甘雨。于是，7 位姑娘不畏艰辛攀上了羊台山顶。7 位姑娘忍饥挨饿，诚心叩拜，碰破了头皮，血流山顶，祈求祥雨解救众生。直至第三天，天空布满雨云，电闪雷鸣，降下了多年不见的甘雨。

乡民们知道甘雨是 7 位姑娘所求时，都跪拜于地，磕头仰苍天，以示敬意。为了怀念这 7 位舍己救人的传奇女子，人们就把羊台山的这座山峰称之为嫩七娘岽。每到昔日她们求雨的那几天，家家都烧香祭拜。羊台山上仍然可以见到这 7 位姑娘烧过香的香炉遗迹。

　　山上还有许多迷人的人文自然景观，羊台山瀑布可称为其中一"绝"。从羊台山东部（龙华大浪）的赖屋山水库边登山，沿着从山上流下来的一条小溪而上，走了大约1千米，就能听见越来越大的溪流声，打破了山中的宁静。只见两座小山峰之间奔泻直下一条瀑布，宽约五六米，水汽氤氲，气势不凡。瀑布从十多米高处跌落，下聚一湾深潭，溅起银色浪花。

　　沿着这条瀑布汇成的溪流而行，可见大大小小10多处瀑布，沿途景色非常恬静清幽，各种野生植物纷繁芜杂，十分阴凉，可谓"野芳发而幽香，佳木秀而繁阴"。

攻略

　　羊台山景色宜人，登临其上，可环视石岩街道（石岩湖）、西丽街道（西丽水库）、龙华街道、宝安新城等，景色秀丽，是深圳众多的市民登高望远、陶冶心情和锻炼身体的好去处。春天山花烂漫，鸟语花香；夏季气候清凉，最宜去山涧清潭探幽避暑；秋冬季节天高云淡，登上主峰远眺，心旷神怡。羊台山每年九九重阳节的登山节，更是吸引了成千上万的人参加。

点赞

👍 **利州游子** 绿水青山，峦山叠翠，或涓涓细流，或淙水长流，或飞花四溅。在赖屋山水库里有不少人垂钓，山上还有人在采摘蕨菜与竹笋，看来有些收获还不小。

👍 **爱的心墙** 羊台山风景还不错，交通也很方便，周末去爬山，锻炼身体，亲近大自然，挺好的。

攻略

登山攻略 **驴友徒步好线路**

羊台山现在的登山入口主要有两条，一条是从主入口大浪入口广场，路较为曲折，沿途植物茂密，还可以看到羊台山瀑布等，需要3—4个小时能爬到山顶；还有一条是从石岩羊台山广场，从羊台山牌坊上去，沿着石阶一直向上，能看到很多江南风格的建筑，只需1—2个小时就可到达山顶。在山顶俯瞰城市风光非常惬意。

海上田园

西部海岸线上的田园绿洲

微印象

@唠娜 一到景区只见一片绿色尽收眼底，让人流连忘返。园内湖泊、河涌纵横交错，密林遍布，绿草如茵，空气清新，环境优美，非常适合来度假。

@anqilanzhu 很早以前就听说海上田园风景很好，终于找机会去见识了一下。总的来说不错，还可以钓鱼、摘草莓。

门票和开放时间

门票：60元，夜场48元。开放时间：9:00—20:00，17:00后为夜场。

最佳旅游时间

四季皆宜。虽然深圳的气候特殊，但是海上田园依海建设，在这里度假游玩完全感受不到深圳的干燥。

进入景区交通

位置：深圳市宝安区沙井西部海上田园旅游区。

地铁：乘地铁11号线在沙井地铁站D口出，步行至公交站台换乘652或B931到海上田园站下车即达。

景点星级

美丽★★★★★　浪漫★★★★★　休闲★★★★★　刺激★★★　特色★★★　人文★★

海上田园位于深圳西部珠江入海口东岸，以珠江口岸的亚热带滨海湿地生态系统为依托，集旅游观光、休闲度假、会议培训、生态科普为一体，以迷人的景观、多变的布局将一片沿海滩变成了旅游胜地。

度假区内湖泊众多，密林遍布，绿草如茵，鸟语花香，空气清新。园区内设有桑基塘田园、农家风情寨、欢乐天地、田园广场、生态文明馆、生态度假村、水乡新邨、桃林苑、生态科普雕塑群、红树林实验基地等十大景区。

❶ 桑基塘田园景区—红树林实验基地

桑基塘田园景区占地地面积为 28 万平方米，是 24 平方千米"海上田园"的缩影。这里既是观光、休闲、娱乐的景区，又是生态养殖示范基地。塘中除了养殖传统的草鱼、鲢鱼、麦鲮等品种，更有多种名贵鱼类，如鳗鲡、黄鳍、花鱼、美国红鱼、加州鲈鱼、七星鲈鱼、虱目鱼等，养殖方式采用全环保方式和生态养殖方式，生产出真正的绿水产品。

海上田园南部是国家 863 科研项目红树林实验基地，景区内保持了珠江口湿地的原有风貌。渔民在这里挖泥成塘，培泥成基，在基上栽种蔬菜果树；在水塘里养殖了鱼、虾、蟹，景区的芦苇和红树林吸引了大量鸟类栖息。游客可以荡舟于红树林及芦苇荡中，与野生动植物亲密接触。

攻略

桑基塘田除了养殖鱼类，5—8月是九节虾、膏蟹、肉蟹的旺季，7—9月尤其盛产名员的黄油蟹，而每年的新春佳节前后是名扬海内外的"沙井蚝"最为肥美的季节。

在芦花湖畔建有风格不一的高档别墅，它们临水而建，依林而立，其中螺姬居源于一个美丽缠绵的海螺女神的爱情传说。

❷ 生态科普雕塑—生态文明馆

　　生态科普雕塑景区内共有 10 余处各具生态教育意义的雕塑，每一个雕塑都包含着一个趣味的生态环保小故事。它们在提醒和警示着生活在现代化、科技化时代的人们，保护生态环境、爱护人类及万物共同赖以生存的家园，才能拥有更好的未来。

　　生态文明馆是海上田园的主题展馆，它以现代声光电技术展示了上古时代以来人类与自然互动发展的历史。馆内设"远古回音""纵横探知""桑基鱼塘""水害水利""绿色之梦""植物工厂""生态家园""蓝色疆土""生态花园""田园交响"等 10 个展厅，在这座时空隧道中漫步，从长江、黄河文明的源头出发，在钻木取火的祖先面前驻足，中华民族 5000 年的农耕文明历历在目。

攻略

　　景区内的田园广场是一片绿草如茵的开阔草坪，方便各种大型团队组织各类大型主题活动和露营。还可以组织拔河、大板鞋等健身活动。与大草坪相连的是一片空阔的广场，在这里可以举办露天聚会 和烧烤活动，还可以开展滚铁环、踩高跷等怀旧的游戏。

❸ 农家风情寨—欢乐天地

　　农家风情寨是按古百越人生活起居的格局营造的几种典型的田园小屋和小院，即山敞、草舍和鱼池舍，分别有耕渔居、豆腐坊、天蚕居、油榨坊、酿酒坊，再现了农业文明时期的农家生活场景。

　　欢乐天地是一个大型水上竞技场，在芦花湖之西和翡翠河下游的开阔地带，设立了 40 多个水上竞技项目。如臂力桥、好汉桥、吊环桥、荡花飞渡桥、钻圈桥……还有沙地上的接力桥、树林边的八人转秋千、植物迷宫、湖中的脚踏水车等。人们可以在此挑战自我，健体魄，练身手。

攻略

无论春华秋实，还是夏暑冬寒，游人都可在农家风情寨尝到农家菜地里的新鲜蔬菜，体验日出而作，日落而息的田园牧歌式的生活情调。

攻 略

食宿 驴友力荐的住宿地

芦花湖畔有生态度假村和水乡新邨，其建筑风格多姿多彩，有树居、船居、螺姬居、平安居、富贵居、水上木屋等客房共200余间，提供多种规格的会议室，配套网球场、棋牌室、夜总会、健身房等项目。

度假村内的明月楼和泮湖楼提供中式、西式餐饮系列服务，其原料主要采自园区湖泊自养的鱼、虾、蟹及园内菜地种植的蔬菜瓜果；农家小院提供多种风味的农家特色餐饮。

行程推荐 智慧旅行赛导游

快乐田园游：泥鳅河—农家风情寨—乡村舞台—生态文明馆—田园广场—欢乐天地。

健康休闲游：基塘田园—游船码头—瓜果长廊—农家风情寨—水上高尔夫—欢乐天地—网球场—红树林实验基地。

生态科普游：基塘田园—瓜果长廊—生态文明馆—生态科普雕塑群—红树林实验基地。

第4章
深圳
东部

东部华侨城
大梅沙海滨公园
小梅沙海滨旅游区
中英街
大鹏所城
南澳
杨梅坑
大芬油画村
中丝园
园山风景区

深圳深度游
Follow Me
帮旅行的倡导者

东部华侨城

海滩旁的时尚度假地

@猫咪candy 在深圳游玩必须来的地方，生态环境非常好，工作人员也热情有礼貌，大人小孩老人的不同的旅游需求都可以满足，非常开心的一次旅行。

@淡淡的烟草香味 东部华侨城的空气很好，偶尔来这里散散心、透透气很不错的，特别是上班族，周末可以来这里呼吸些新空气，还是很不错的。

门票和开放时间

门票：大侠谷200元，茶溪谷180元，大华兴寺免费，两谷一日游300元，两谷两日游350元；观看《天禅》演出需另购票，票价70元。开放时间：大侠谷平日9:30—17:30，茶溪谷平日9:30—18:00，节假日提前半小时开放。

进入景区交通

位置：深圳市盐田区大梅沙东部华侨城。

1.中巴：乘J1、53、观光线1或机场6线，可到大侠谷站（也称大侠谷停车场、公交总站）。大侠谷停

　　东部华侨城坐落于深圳大梅沙，占地近9平方千米，主要包括大侠谷生态公园、茶溪谷休闲公园、云海谷体育公园、大华兴寺、主题酒店群落、天麓大宅等6大板块，体现了人与自然的和谐共处。

　　车场转乘旅游6号线（15分钟/班，单程10元）至茶溪谷、大华兴寺、云海谷、茵特拉根温泉，或者转乘酒店接驳巴士前往茵特拉根酒店、茵特拉根房车酒店、菩提宾舍。

　　2.公交：乘103、308、103B、387到大梅沙海滨浴场站或者梅沙街道办站，换乘东部华侨城—大梅沙免费穿梭巴士或者B620可到大侠谷站。

　　3.专线：节假日乘东部假日快线1、2路可到东部华侨城。

景点星级

休闲★★★★★　　美丽★★★★★　　刺激★★★★★　　浪漫★★★★　　特色★★★　　人文★★

东部华侨城示意图

三洲茶园

茶溪谷

2 茵特拉根火车站

茶翁古镇

3 云海谷

云海谷
体育公园

大华兴寺

4

森林小火车
大拐弯接驳站

大侠谷

1

云海部落
缆车接驳站

大侠谷
缆车接驳站

树屋

大侠谷瀑布

景区入口

盐一公路

盐坝高速

1 大侠谷

　　大侠谷生态乐园以"人与自然"为主题，集山地郊野公园和都市主题公园于一体，实现了自然景观、生态理念与娱乐体验、科普教育的创新结合。景区主要包括水公园、峡湾森林、海菲德小镇、生态峡谷和云海高地等五大主题区，自然奇幻的主题乐园为人们带来不一样的欢乐体验。

　　水公园分为室内、室外两个亲水戏水世界，有震撼三米巨浪、U型滑道、室内漂流河等精彩项目和演出；峡湾森林内有中国海滨第一瀑大侠谷瀑布，宽300米，水流落差42米高，蔚然壮观；海菲德小镇是以葡萄酒文化为主题的美洲风情小镇，系列铜雕展示了从葡萄采摘到红酒酿造的全过程，主要包括天幕、海布伦宫、红酒体验馆、自酿啤酒屋、湖畔美食廊、小镇客栈等特色项目；生态峡谷以生态探险为主题，通过全方位的视听觉仿真体验营造各种地球自然环境与生态的虚拟实境；云海高地是大侠谷的云顶观光区，是总览东部华侨城的最佳观景台之一。

攻略

1.峡湾森林湾内有全长924米，落差46米，中途多个俯冲段为40度的超高角度的峡湾漂流，是全世界最长的激流勇进之一。

2.生态峡谷内有地心4千里、深海探奇、木质过山车、飓风营救、丛林穿梭、咆哮山洪、探险广场、水上人家、生命之墙、4D影院、童趣园等项目，让人们在惊险刺激的体验中探索地球奥秘。

3.云海高地拥有亚洲云上山顶极速转轮的云霄飞轮、110米高的自然之眼观光塔、全透明的玻璃延伸至悬崖之外的登峰造极、跨越山脉的云中走廊以及云海索道、丛林缆车等项目。

4.大侠谷内每天都会上演大型室外实景特技表演《咆哮山洪》，爆破、枪战、烟火、声光、滑水……势不可挡的音效和光影特效冲击，讲述奇幻神秘的山洪故事。演出时间：平日11:00、14:30、16:00（周一检修），节假日11:00、13:00、14:30、16:00。

东部华侨城大侠谷示意图

漂流站台
海菲德红酒小镇B区
缆车站
瀑布观景台
海菲德红酒小镇A区
大侠谷瀑布
树屋
峡湾漂流
海洋广场
峡湾栈道
景区闸口
游客服务中心
售票处
巨石广场

② 茶溪谷

茶溪谷度假公园呈现了一个绿的世界、花的世界、中西文化交融的世界和休闲度假的世界，主要包括茵特拉根、湿地花园、三洲茶园、茶翁古镇以及水上高尔夫练习场、屋顶可开合式网球馆、东部华侨城大剧院等。此外，茶溪谷还将建造一个滑雪场，为游人打造一个浪漫雪世界。

茵特拉根（Interlaken）包括古朴的茵特拉根廊桥、清幽的茵特拉根湖畔、典雅的茵特拉根酒店、充满怀旧味道的咕咕钟舞台、融于森林的茵特拉根温泉、透露着异国浪漫情怀的茵特拉根街景公寓，是许多新人拍摄婚纱照的必选之地；在湿地花园的花香中悠游，人与自然和谐共处，感受大地的艺术描绘；茶翁古镇内的氛围娴雅，可观看端庄儒雅的茶艺师娴熟的茶道表演；倘徉在三洲茶园的茶田丛林里，游走于栈道、吊桥上，走累了，随处小坐，全身心地体验天然氧吧的气息。

攻略

1.茵特拉根温泉门票198元/人，包括活力温泉、山林温泉、经典影吧、天籁视听，在休息大厅免费赠送饮品、水果各一份，咨询电话：0755-28886666。

2.茶翁古镇是茶文化的鉴赏区和中心服务区，也是游客休憩区，游客可以在此品茶餐、尝茶点、吃土菜、观茶戏、饮茶酒，深入了解茶禅文化；还可以在茶艺坊、茶酒坊、陶艺坊亲身体验采茶、制茶、做陶的乐趣。

3.东部华侨城大剧院内每天15:00会上演演艺节目《新天禅》，将中国古老的茶文化与佛教文化相结合，门票：票价150元。此外，景区内还会上演《天机》《天音》《天籁》等多台文化演艺项目，每年的春夏秋冬，还会分别推出"山地采茶节""山海放歌节""国际茶艺节""山地祈福节"等主题活动，为广大游客带来无限精彩。

东部华侨城云海谷示意图

球洞
球洞
球洞
球洞
球洞
球洞
球洞
马兰瀑布通道
沙地棒球场
草地网球场
自行车越野基地
热气球
野战基地
拓展训练

③ 云海谷

云海谷郊野体育公园占地2.5平方千米，是一个以高尔夫运动为中心，以户外奥林匹克运动训练基地和野外拓展训练基地为两翼的户外运动休闲胜地。景区内的高尔夫球会由两个高品位的18洞高尔夫球场组成，球会还配套一个极具自然山地特色的66打位练习场。

攻略

高尔夫会所内不仅有情调各异的中西餐厅、品牌云集的高尔夫用品店，更有专业教练的悉心指导，让人享益到高尔夫的广博知识和无尽趣味。

○ 球洞

○ 球洞

○ 球洞

○ 球洞

○ 球洞

○ 球洞

○ 球洞

○ 球洞

○ 球洞

○ 球洞

○ 球洞

○ 体育用品商业街

○ 游客服务中心

点赞

👍 Emony05 茶溪谷很美，最喜欢里面的湿地花园和茵特拉根小镇，去茶溪谷途中看的风车也很喜欢。游玩完后，觉得人类真的很伟大，可以创造出如此仙境。

👍 baby_yan_2009 茶溪谷和大侠谷都去了，大侠谷以机动游戏为主，玩了木质过山车很过瘾；茶溪谷则风景美，适合拍照摄影，一家人可以一起去！

④ 大华兴寺

大华兴寺坐落在东部华侨城的观音坐莲山，拥有国内首家佛文化主题酒店——大华兴寺菩提宾舍、国内首台以佛文化为主题的多媒体编钟诗乐《天音》等精品。

寺庙所在的观音坐莲山位于三洲田之地，传说每年立春至清明期间，观音菩萨都会降临此山，闭关修行，故取名观音山。观音山状如莲心，被四面山水簇拥，后人为恭敬菩萨，修铸了一座四面观音金像，得名"观音坐莲"。每年菩萨修行期间，观音山云雾缭绕，与世隔绝，有如人间仙境，人们称此境为"天禅圣境"。

小贴士

自驾或者在大侠谷停车场乘酒店接驳巴士前往位于茶溪谷的茵特拉根酒店。入住后在酒店前台获取赠票，或者优惠购买景区联票、《天禅》演出票、《天机》演出票、温泉门票。

攻 略

内部交通　游遍景区不犯愁

❶ 丛林缆车：往返于大侠谷与云中部落之间。丛林缆车是双坡山地开放式观光车，全长约2千米，高差400米的丛林缆车将带来壮观的观景视角。

❷ 云海索道：往返于大侠谷与云中部落之间，是深圳第一条高空索道，全长1089米，乘坐云海索道，俯瞰梅沙湾畔的帆星点点，别有一番天地。

❸ 森林小火车：往返于大拐弯火车站与茵特拉根火车站之间，融观光性、参与性和交通运输功能三位一体。轨道全长约6千米，先后经过峡谷、山林、湖泊、天堑，沿途山花烂漫，彩蝶纷飞，别有一番天地。

住宿 驴友力荐的住宿地

东部华侨城酒店群由四大主题酒店组成，是国内首个主题酒店群，拥有600余间客房。

茵特拉根酒店将中欧山地建筑风格与南中国壮美的山海景观完美结合，出落成一个美得不食人间烟火的童话。包括308间豪华客房、池畔别墅、连排别墅、商业街公寓以及总统堡，在优雅、尊贵中为你一一呈现山海的浪漫。电话：0755-88883333。

黑森林酒店：以德国黑森林咕咕钟为主题的黑森林酒店，占地20000平方米，到处充满轻松、梦幻的氛围，与主题公园相互呼应，情景交融。电话：0755-22172088。

东部华侨城房车酒店位于郊野体育公园，拥有159间写意客房及4辆豪华房车，收尽东部华侨城独有的湖光山色、云海奇观。电话：0755-25283333。

东部华侨城瀑布酒店隐藏在大瀑布和巨岩之间，94间客房、啤酒工厂、主题餐厅、宴会演绎厅……设计师以水为元素进行创作，艺术与奇思妙想渗入每一个角落。客人可将壮观的大峡谷瀑布收入眼帘，也可沉醉于红酒小镇，集太空、海洋于一体的主题公园为这里增添了无尽的梦幻色彩。电话：0755-25289999。

美食 饕餮一族新发现

东部华侨城内分布着众多餐厅和食肆，有着种类繁多的经典美食。此外，还有必胜客和星巴克等咖啡厅。

茶翁古镇：到了东部华侨城一定要尝尝豆花坊，豆花坊的豆花和茶面味道好。聚茗楼以湘味土菜为主，茶园三宝、茶香鸡排、自制的豆腐、豆花、豆浆等让人垂涎三尺。茶艺坊内可以观看茶叶制作的现场演示，还可亲身体验采茶、制茶的乐趣，时长约60分钟。还可以在茶翁古镇茶酒坊品茶酒、小食。

茵特拉根小镇：茵特拉根咖啡厅位于茵特拉根湖畔，在这里喝一杯咖啡，仿佛置身于欧洲的咖啡小站，餐厅还供应美食自助餐。意大利花园餐厅同在一楼湖畔，以传统意大利菜为主打，材料都是选用最精致上乘的优质食材。入夜后，还可在湖畔酒吧享受特色鸡尾酒和湖畔烧烤。此外，茵特拉根酒店内还有湖逸轩中餐厅、日本秋叶餐厅及清酒吧、哥特吧等六大主题餐厅。

大华兴寺：寺内的香积斋是以佛教健康养生为主体的素食餐厅，在这里不仅可以吃到新鲜健康的食物，而且斋菜做得"活色生香"，菜式的名字也很有"禅意"。

森林小火车"哐当哐当"地慢慢行走，穿过峡谷、山林、湖泊、隧道等，从窗外望去，景色非常优美。

大梅沙海滨公园

镶嵌在青山碧海之间的洁白沙滩

门票和开放时间

门票；免费。旺季期间（4月30日至10月7日）需预约。开放时间：7:00—24:00。

最佳旅游时间

大梅沙属于亚热带季风气候，降水丰富，夏季长达6个月，但没有酷暑天气；冬天时间很短，且温度不低，享受阳光与海滩以8月及9月为最佳。

进入景区交通

位置：深圳市盐田区大鹏湾畔盐梅路9号（近盐坝高速溪涌出口）。

公交：市内乘387、103、J1、53、242、364、308、观光巴士1路，到公园的月亮广场或太阳广场下；乘208到总站下，步行5分钟到月亮广场；乘360路到梅沙街道办站下，往盐田方向步行5分钟到太阳广场，乘103路、b703路等在大梅沙站或海滨浴场站下车。

景点星级

休闲★★★★★　美丽★★★★　刺激★★★★　浪漫★★★★　特色★★★　人文★★

　　大梅沙海滨公园位于神奇秀丽的南海之滨，风光旖旎的大鹏湾畔，拥有独特的山海景观资源。这里三面青山相拥，中间开阔平缓，一面临海，1800米的沙滩就镶嵌在这青山碧海之间。

　　公园外，群山环抱，树木连理。那山，或高而不险，或低而自威，相得益彰；那树，婀娜而不浓艳，淡雅而不显凋残。沿着蜿蜒曲折的小径携手直抵一目难尽的郊野公园，置身其间，便将现世的烦忧尘封在久远的年代。

　　公园内，繁花、绿树、碧海、黄沙，缤纷的色彩，丰而不滥。徜徉其间，温馨柔和之韵潺然流连；闭目小憩，椰风声、海浪声和着游人的欢呼声，便成了一曲美妙的乐章。

攻略

　　1.大梅沙海滨公园共分游泳区、运动区、休闲区、娱乐区、烧烤场，有滑水索道、摩托艇、沙滩车、水上降落伞、沙滩排球、沙滩足球等众多的游乐项目，并提供购物中心、冲凉寄存、餐饮供应、休闲品茗、泳具出租、保安、救生、清洁等配套服务。

　　2.盐梅路上兴建有4座观景平台，它们有4个非常漂亮的名字：秀峰观澜、滨海明珠、雅兰梦海和东埔渔火，让看海的游客在这里纳凉、小憩。

　　3.公园内提供自动保管箱、泳具出租、冷热水冲凉、烧烤、月光酒吧等多种服务，并设有动力伞、水上摩托艇、沙滩摩托车、小飞侠欧式蹦极跳等娱乐项目。

海滨公园包括 18 万平方米的沙滩、432 米长的阳光走廊、1.3 万平方米的太阳广场、4000 平方米的月亮广场、230 车位的停车场和沙滩内的旅游服务设施。

太阳广场处于公园的中心，有 3 个大小不一、风格各异的张拉膜，每个张拉膜下都设有供游客休闲、更衣、洗手的各种设施。广场的建设充分考虑到自然景观和人文景观的结合及层次，将各和植被及海洋、沙滩充分结合，使之相互映衬。站在广场上极目远眺，茫茫水际碧波荡漾，金黄的沙滩熠熠生辉。海风拂过，广场上树影婆娑；艳阳之下，浓浓的绿意使夏日的酷暑黯然消退。

月亮广场位于公园的西部，总面积 4000 余平方米，周边建有 3 个张拉膜及多间商铺。广场内欧式蹦极场将游客带入挑战自我的境界；商铺里，琳琅满目的工艺品流溢出美之意蕴，使游客顿生审美的愉悦。

阳光走廊全长 432 米，是太阳广场和月亮广场之间的通道之一。走廊内设有供游客休憩的磨光石凳，走廊的顶棚则覆盖着繁茂的簕杜鹃，艳阳高照或月朗星稀之时，走廊内斑驳陆离，暗香浮动，在轻音乐的陪衬下，浪漫和温馨之情满而不溢，久久回环萦绕。站在走廊内近观则满目风情，远望则豪放于怀。闭目沉思，便消却"草色烟光残照里，无言谁会凭栏意"的惆怅。

愿望塔高 83.6 米，耸立于太阳广场的最东侧。塔身采用钢结构，以恢宏的姿态直面大海。愿望塔是"愿望山—愿望湖—愿望塔"体系的最后一环，深圳"2000 年黄金愿望"活动在此进行，数以千计的市民在塔顶面对大海许下了世纪心愿。

攻略

1.愿望塔内设电梯及愿望台，塔外设有动力伞、摩托艇、月光酒吧、烧烤场等娱乐服务。

2.大梅沙的娱乐业较为发达，娱乐节目除了有夜生活中的酒吧、歌舞厅等，还有许多充满艺术气息的娱乐项目，如大梅沙景区音乐、粤剧演唱等，虽然可能会听不懂唱词，但即便是光听听曲调、看看表演，也是很有意思的。

点赞

👍 TONG0909 在深圳想去海边走走的话就会选择大梅沙，在海边吹吹风，踏踏浪，很舒适惬意。

👍 淡焉若忘zhm 大梅沙是免费的，因为去的时候不是节日，可以清清静静在沙滩上坐一会，心情瞬间变好。

攻略

住宿 驴友力荐的住宿地

大梅沙海滨公园周边分布着许多海景宾馆，虽然价格稍贵，但可看到大梅沙海滨美景。

梅沙宾馆：宾馆坐落在大梅沙海滨，依山傍海，环境宜人。宾馆装修豪华，格调高雅，拥有500人同时使用的大型多功能礼堂，10多间供10—100人使用的会议室，160多间可观山色、赏海景的豪华客房，身处宾馆可俯瞰大梅沙全貌。

位置：深圳盐田区大梅沙金沙街6号。电话：0755-25255222。

维也纳国际酒店：酒店位于大梅沙海滨公园门口，地理位置绝佳，酒店配套设施齐全，整体呈欧式风格，有海景房可选，酒店设有海鲜餐厅、自助餐厅。

位置：深圳市盐田区梅沙街道盐梅路102号。电话：0755-86082333。

水云间酒店公寓：公寓位于大梅沙，交通便利，周边分布大梅沙海滨公园、海洋公园、游艇俱乐部、郊野公园等景观设施，是观光度假的好去处。

位置：深圳市盐田区大梅沙盐梅路60号（大梅沙海滨公园旁）。电话：0755-22743996。

曼莎度假公寓：公寓主要打造北欧轻奢风格，设施完善，拥有专业的管理团队，公寓房间宽敞舒适，在公寓的楼下有奥莱购物村，离大梅沙景区走路只要5分钟。

位置：盐田区大梅沙奥特莱斯购物村附近。电话：13724278166。

美食 饕餮一族新发现

从愿望塔东边200米，在海滨公园管理处办公楼前设有大梅沙烧烤场，提供烧烤场地和炭火，可自己带食物与朋友家人一起烧烤。租炉费50元/个，提供椅子6张，使用时间为4小时，超时另计；85元/个，提供椅子8张、炭1包、网1张、叉4支、餐台1张，使用时间为4小时，超时另计。

海滨公园月光花园内有一个月光西餐酒吧，环境很好，可提供小食、简单西餐及饮品，但价格稍贵。

小梅沙海滨旅游区

洁净开阔的海滨浴场

微印象

@18869350 小梅沙是我第一次看海的地方，冬天里依然阳光明媚，柔软的沙滩蓝蓝的海，随便走走都会觉得很舒服。

@smh风景这边好 小梅沙的海水相对大梅沙来说干净些，环境舒服，虽然看起来没有大梅沙那么豪华，但是人少舒服。

门票和开放时间

门票：免费。开放时间：沙滩10:00—19:00。

进入景区交通

位置：深圳市盐田区梅沙街道大鹏湾畔。

公交：乘坐103、360、364、380、387路公交车可到。

景点星级

休闲★★★★★　　浪漫★★★★★　　美丽★★★★★　　刺激★★★★　　特色★★★　　人文★★

小梅沙位于大鹏湾绵长的海岸线上，三面青山环抱，一面海水蔚蓝，一弯新月似的沙滩镶嵌在蓝天碧波之间，阳光、沙滩、海浪，吸引着成千上万的弄潮儿前来小梅沙搏击大海。这里的天格外的高远明朗，这里的海分外的洁净蔚蓝，这里的沙滩特别的柔软金黄。千米沙滩上，留下过多少大大小小的脚印；接踵而来的浪花中，又寄寓过多少深圳人的欢笑和梦想。

小梅沙周围是一片热带雨林景区，洁白的沙滩一望无际，与香港遥遥相对。

小梅沙度假村建在绵延千米的沙滩旁，不仅有辽阔的海滨浴场，还有海上降落伞、摩托艇、潜水艇等娱乐项目；别墅、餐饮、商场、帐篷、烧烤等服务一应俱全。

延绵千米的新月形海滩沙质细腻，海水清澈，远眺碧水蓝天一色，近观浪花阳光齐跃，岸边椰风摇曳、鸟语花香，置身如此人间胜景。

攻略

1.度假村内沙滩娱乐项目丰富，主要有浴场游泳、沙滩烧烤、拓展训练、水上摩托艇、天空滑翔机、海底潜水等。还可在沙滩上组织举办沙滩拔河、堆沙造型、沙滩排球、沙滩足球、铁人三项等各类沙滩竞技运动以及啤酒竞饮、同心鞋、障碍赛跑等各种沙滩游戏活动。

2.每周末两晚都会上演"小梅沙海滨欢乐夜"文艺表演，现代歌舞、流行音乐、泳装表演、魔术、杂技等丰富多彩。

3.在沙滩设有东、西两处泳具出租点，提供太阳伞、沙滩桌椅、泳圈、浮床、橡皮船、帐篷、沙滩垫等用具。

4.临海有一条石滩小径，依山傍海，绿树成荫，是情侣们谈情说爱的好去处。

5.海滨西南墩洲岛的礁石是观海的最佳视角之一，在此可观霞光东升西落，欣赏朝霞满天、余晖洒海的美妙奇观。

住宿 驴友力荐的住宿地

小梅沙度假村内有花园别墅可供住宿，客房分高、中、普通3种档次，有豪华套房、标准套房、豪华双人间、豪华三人间、标准三人间、双人间、单人间等共计91间。

度假村内还有沙滩帐篷出租，有双人帐篷、四人帐篷等共计800余顶，在沙滩泳具出租点租用，租用时需交押金。

度假村东门处有小梅沙大酒店，拥有全新装修客房172间，中餐厅可容纳800人，有梅沙地区最大的会议室。酒店临海而建，游客可体验"临窗观海、枕涛入眠"的浪漫，还可享受高雅别致的咖啡廊、西餐厅、大堂酒吧以及室外淡水游泳池、网球、桑拿、美容、健身、英式台球等系列康乐项目。电话：0755-25035888。

美食 饕餮一族新发现

小梅沙附近的盐田海鲜美食一条街有各种新鲜实惠的海鲜可供选择，度假村里也有多家餐厅，但价格稍贵。

小梅沙私房菜：这里离海边特别近，招牌菜是口水鸡，比较鲜嫩，口感很不错。

新不夜天乳鸽王海鲜酒楼：这家的海鲜都是刚打捞上来的，特别新鲜，品种很丰富，海胆炒饭，海胆炒米粉是顾客点的最多，评价最好的。

金源乳鸽王海鲜餐厅：正宗的潮汕菜馆，乳鸽和海鲜都挺不错的，因为新鲜，所以还带着沙子，但顾客就是喜欢这种特有的新鲜海鲜的口味。

碧海茗居茶楼：亚热带海岛风情的吊脚竹楼，掩映在椰树、花廊之下，专业茶艺小姐提供最正宗的茶道服务，品茗之余可进行棋、牌、麻将娱乐。

千人烧烤乐园：深圳东部最大最好的千人烧烤乐园，建有108围炉座，每炉10人，可容纳上千人同时烧烤，炉、碳、叉、网和各种烧烤食品、酒水饮料齐装而备。

另外，还可以去盐田区海滨的海鲜一条街吃饭，由于是海鲜排档，所以价格不贵，现捉现卖的海产品只进行简单的清蒸，浇上些特制的豉油就上桌了，不仅味道鲜美，而且保持了营养。

广东省重点文物保护单位

中英街界碑

广东省人民政府
一九八九年六月 二十九日公布
深圳市人民政府
一九九 年四月

中英街
中国历史文化名街

门票和开放时间

门票：免费。办理条件：深圳户籍居民7天内未申办过；非深圳户籍居民30天内未申办过。居民凭《边境特别管理区通行证》及本人有效的《居民身份证》原件进入。可网上预约办理和现场排队办理。

开放时间：8:30—18:00。

进入景区交通

位置：深圳市盐田区沙头角镇南部。

公交：乘坐68路、85路等公交车在三家站下，步行可达。

景点星级

休闲★★★★★　美丽★★★★　浪漫★★★★　特色★★★★　人文★★★　刺激★★★

位于盐田区沙头角镇的中英街原名"鹭鹚径"，由梧桐山流向大鹏湾的小河河床淤积而成。1898年刻立的"光绪二十四年中英地界第×号"的界碑树于街中心，将原沙头角一分为二，故名"中英街"，到特区的人要到深圳市公安局办理一张"前往边防禁区特许通行证"，才能进入"中英街"。

故事　中英街历史

1898年6月9日，在英帝国主义武力逼迫下，李鸿章与英国驻华公使窦纳乐在北京签订了中英《展拓香港界址专条》，英国强行租借九龙半岛界限街以北、深圳河以南的大片中国领土及附近岛屿。

1899年3月16日，中英两国的勘界人员来到了沙头角，从海边开始沿着河道进行测量和勘界，在测量好的点位竖立了木质界桩，界桩上书写着："大清国新安县界"。3月18日，沙头角勘界结束。界桩在沙头角一条干涸的河道上一字排开、向前延伸着，把沙头角一分为二，变成了"新界沙头角"和"华界沙头角"。

勘界后不久，有人在河床两侧搭建房屋，陆续出现了摆摊做生意的乡民，这里逐步形成了一条小街的雏形，它就是今天的中英街前身。

❶ 界碑

这条街长不足250米，宽不够7米，街心以"界碑石"为界，街边商店林立，有来自五大洲的产品，品种十分齐全。中英街共有8处界碑，这8块界碑中1、2号界碑是1905年英国单方面换石碑后留下的，3—7号界碑曾被日军毁掉，今天我们看到的3—7号碑是抗日战争胜利后重建的。但由于自然风化，有的界碑已经失去棱角，有的字迹已经模糊。

小贴士

进入中英街，不论是深圳居民（沙头角居民除外）还是游客，都要办理由公安部门签发的"特许通行证"。外地游客则分两种情况，如果在深圳有接待单位且接待单位在边防六支队备案过，可凭相关证明到办证大厅办理通行证，10元/人；若无接待单位，则要参加沙头角旅行社组织的旅游团，接待费50元/人。

② 中英街历史博物馆

博物馆位于中英街一号界碑的东侧，是一座专题性地方志博物馆，收藏有千余件近现代历史文物、民俗文物以及千余幅珍贵的照片资料。馆内共设有 4 个展厅，其中《中英街历史》展览同树立在中英街的 8 块界碑，共同向人们讲述了"新界"被英国强行割占的屈辱史和抗战时期中英街人民英勇无畏的抗争史，以及解放后中英街蓬勃发展的变迁史。

攻略

博物馆顶层是观景台，可鸟瞰大鹏湾和香港新界自然风光。此外，中英街历史博物馆为广东省爱国主义教育基地。

③ 警世钟

"警世钟"设立在中英街历史博物馆广场，与中英街界碑相互映衬，是中英街新的一景。警世钟记叙了中英街割占、抗争、变迁、发展和回归 100 年来的历史，钟身上刻着"勿忘国耻，警钟长鸣"八字，提醒人们牢记中英街屈辱的历史，告诫后人必须铭记深刻历史教训：国家落后就要挨打。

④ 古井

　　进入中英街后街边有口古井，该井为清代康熙年间迁来沙头角拓荒的客家人所建，已有三百多年的历史，是当地人们饮用的水源，直到现在中英街两边的人们中还流传着"同走一条街，共饮一井水"的民谣。"饮水思源"，古井对当地居民有着养育之恩，也牵连着居住在中英街两边居民的乡情和亲情。它不仅是沙头角历史发展的见证，也是中英街形成和发展的历史见证。

⑤ 古榕

　　这棵著名的古榕树位于中英街第四号界碑旁，已有 100 多年的历史。树干苍劲，枝繁叶茂，由于树根长在深圳一方，叶枝覆盖香港一方，因而构成一幅奇妙的景观，被喻为"根在祖国，叶覆香港"，成为许多文人墨客进行采风和文艺创作的题材。这棵古榕树与第四号界碑形影相依，构成了中英街上一道自然与人文相互映衬的特殊风景，同时也见证了中英街的百年沧桑和屈辱历史。

小贴士

　　购物之前可以先到银行兑换港币，这样去购买的时候更实惠些。虽然也可以用人民币直接换算购买，但是人民币兑港币更实惠一些。

攻略

　　由于政府对该街实行了免税政策，这条小街成为远近闻名的购物胜地，中英街价廉物美的黄金首饰和进口电器一直是游人们购买的焦点。除黄金饰品外，中英街的食品、日常用品比别处也要便宜些，街上人气最旺的生活用品老店是"波记"和"实惠"。

大鹏所城
深圳难得的古城

@飞洁儿 大鹏所城是一个有历史的古城，比较安静的地方，村内布置得特别有意境，让人感觉回到了属于古城的那个年代，很有历史价值。

@泡泡闲_就爱吃 去的时候刚好是下雨天，微微的细雨，走在具有历史意义的古城里，韵味十足。

门票和开放时间

门票：每日免费参观券限发1000张，额满为止。

开放时间：周二至周日9:00—17:00。

进入景区交通

位置：深圳市龙岗区大鹏街道鹏城社区。

公交：乘坐公交车M457路或M471路，在大鹏所城站下，步行可达。

景点星级

特色★★★★　人文★★★★　休闲★★★★★　美丽★★★★　浪漫★★★★　刺激★★★

大鹏所城始建于明洪武二十七年（1394年），是明清两代中国南部的海防军事要塞，深圳今又名"鹏城"即源于此。所城有着600多年抵御外侮的历史，明代有武略将军刘钟、徐勋，清代有赖氏"三代五将"、刘氏"父子将军"等十几个将军，大鹏所城因之享有"将军村"的美誉。

大鹏所城有近10万平方米的明清民居建筑群，其街道格局，民居风格都是明清时期遗存，城内具重要文物价值的民居建筑有

17座（间）。数座建筑宏伟、独具特色的清代"将军第"有序分布，其中以抗英名将赖恩爵的振威将军第最为壮观。该将军第有150年的历史，拥有数十栋屋宇、厅、房、井、廊、院等，其中牌匾众多，雕梁画栋，是广东省不可多得的大型古建筑。此外，古城内还有侯王庙、天后宫、赵公祠、参将署等一批古迹可供参观。

1 刘起龙将军第

将军第位于古城南门街内，是一座清代中叶典型的四合院建筑群，是清道光年间福建水师提督刘起龙将军的府第。该府第呈不规则梯形，东墙长18米，西墙长30米，宽30米，计建筑面积510平方米，门首横额匾题"将军第"三个楷书大字。

将军第保存完好，整体布局如旧。侧门内进，当心间为住宅，3进3间，2厅1天井6厢房；左为后院，内有前后厢房4个，天井1个；前有长廊，当心间与后院有门相通，地面铺砖；墙石脚青砖结构，木架梁，石柱础。屋顶结构为硬山顶，中有灰脊，檐板雕刻花鸟草木、人物故事等题材画。

2 天后宫

天后宫位于大鹏镇鹏城正街，始建于明永乐年间（1403—1425年），是祭祀海上保护神——天后的庙宇。天后宫占地200多平方米，共分3进，门前13级台阶，走廊立着两条花岗岩圆柱，高盈丈，径近尺，精雕细琢。500多年来，天后宫香火鼎盛，每年的农历三月二十三为天后生日，且每隔5年举办一次隆重的"打醮"活动。相传清代名将刘起龙和赖恩爵以及大鹏营的参将、守备、千总等军官常到天后宫拜祭。

3 碉楼

碉楼位于大鹏镇王母村黄桐山，始建于清康熙年间（1662—1723年），后屡有增建，至今已有近300年的历史。该建筑群规模宏大、气势宏伟，且保存完整。其主体建筑为3进2座结构，后厅祖堂木刻保存十分完整，其规模和精美是该镇甚至整个深圳市都十分罕见的。

大宅东南有一高达数丈、形若古堡城碉古楼，古楼直耸云霄，气势雄壮。古楼四壁设有望窗和"炮眼"多处，为清代钟氏大宅的防卫设施。朝东的檐下有"天一涵虚"4个斗大苍劲雄健的欧体楷书。主楼内原有3层木板棚，均由粗大的杉木架设，可惜早被拆去。整座古楼墙基为花岗岩条石砌筑；墙垣据说用浓灰沙拌糯米饭舂成，极是坚韧。

大鹏所城示意图

点赞

👍 乐_在_其_中 免费开发的古城，很有生活感。同时，古城临海，自然风景和人文风景的结合，正是大鹏所城的特别之处。

👍 BLUELEI 很安静的一座"小城"，在里面漫无目的地走走逛逛散散心，远离深圳的喧嚣，挺好的！

4 咸头岭遗址

咸头岭遗址的年代距今约 7000 年，是珠江三角洲地区新石器时代中期沙丘遗址中最重要的一处。遗址位于大鹏镇咸头岭村的海边沙提上，遗址堆积分 2 层，第 1 层为松软的黄褐色沙质土，出土绳纹陶片和现代瓷片、铁器等遗物，属近现代扰乱层。第 2 层以灰褐色沙为主，含极少量土质，出土大量陶器和瓷器。

5 大亚湾核电基地

大亚湾核电基地距离大鹏所城不到 10 分钟车程。大亚湾核电基地位于大鹏湾畔，是中国第一座大型商用核电站，总占地面积约 10 平方千米，内有大亚湾核电站和岭澳核电站一期、岭澳核电站二期。据 2011 年统计数据，两座核电站输往南方电网的电力约占广东省社会用电总量的 9%。

核电基地背靠排牙山，远眺七娘山，站在岭澳核电站一期的观景台俯瞰，核电站与蓝天碧海相互映衬，组成了一幅宏伟壮丽的画卷。去过的人都说，走进大亚湾，犹如置身宁静的大学校园，又仿佛徜徉在一个度假胜地。

专题
大鹏民俗

大鹏话

初听是白话和客家话的混合体，虽然在语音、语法、词汇、措辞等方面和广州话很接近，又有和客家话类似的地方。大鹏话至今还保留一种独特语调，当地人称"千音"。因为所城原因，来自北方的将士及家属和当地人在交往中逐渐形成当时的"普通话"，也就是后来所谓"军语"。

婚俗

大鹏婚俗的基本程序有：媒人介绍、验算生辰八字、下聘金、择吉、迎亲、拜堂、宴客、闹洞房、回门等，有的过程不同于其他地方。

哭嫁歌：女子出嫁前往往要唱哭嫁歌，从上午到半夜，由伴娘陪着，边哭边唱，内容有父母养育恩、兄弟姐妹情、孝敬公婆礼、敬重丈夫义等，少则哭 3 天，多则哭 7 天。

对歌：闹洞房要对歌，男方的歌手在屋内，女方的歌手在屋外，一方提问一方答，要问得对方无语可答。男方要设宴招待双方歌手和亲朋。

抛路引：新娘坐着花轿向新郎家行进时，伴娘每隔几步就扔下一小段红绳子，叫作"路引"，意思新娘回娘家不会认错路。

避邪：在迎亲队伍到达新娘家的村口或者家门口时，新娘母亲亲自点燃一堆熊熊大火，迎亲者必须从火上跨过，烧过邪气，才可以迎亲。

山歌

对唱山歌是大鹏民俗的一大特色。歌词的内容含概非常广泛、丰富，曲调特别优美。人们在田间劳作、上山砍柴、行走路上、村头院落都可以对歌，有的是流传继承，有的是即兴而作。

攻略

住宿 驴友力荐的住宿地

大鹏所城的较场尾距离所城步行约需20分钟，里面有很多民宿，环境不错，价格合理。一般的民宿楼上是客房和书吧，楼下是小花园，客人可以自己出海打鱼，自己到厨房加工，享受自己的劳动成果。此外，较场尾还有一些酒吧和咖啡厅等配套设施。

阿鲁古雅海景民宿：是5层独立别墅型海景民宿，二楼是260平方米客厅，每层各4间客房共20间中式西式相结合的复古建筑风格，散发着古色古香的格调。

位置：大鹏新区较场尾海滨路18号。电话：15889531928。

海边小筑：客栈离海滩只有3、4米左右，是一栋4层楼的小别墅，有7个客房，个个房间面朝大海，180°无敌海景。躺在床上，或坐在大海景阳台上，即可吹到海风，享受大海的浪漫。

位置：大鹏所城较场尾较三西七巷五号。电话：13427905854。

圈圈里海边精品客栈：位于大鹏较场尾民宿小镇、较场尾路，临近大鹏所城、东山寺，步行可至海滩。客栈设计很有文艺范，工业LOFT风格，有电影空间、酒吧等设施。

位置：深圳市龙岗区大鹏镇较场尾路32号。电话：18126161787。

九澍Jiushu精品民宿：小清新的装修风格很适合文艺青年发呆，环境很安静，而且性价比高。房间空间挺大的，布置又精致，而且很舒适。

位置：龙岗区南门东路15号。电话：18675571418。

阿罗哈海滩客栈：客栈拥有15间各具特色的海景客房，客栈的部落首领是一位热爱海边生活并有着6、7年海外生活经验的山东姑娘。客栈一楼是中西餐厅，另外，客栈还提供很多水上运动项目。

位置：大鹏所城较场尾较三西八巷7号。电话：18902483640。

美食 饕餮一族新发现

大鹏所城特色美食有各类海鲜、窑鸡、喜糕、煎丸、粽子、豆腐花、发糕、红茶果、菜头角等，在民宿客栈或城内饭店都可以吃到。

此外，一些民宿客栈内还提供海边烧烤，烧烤料可在大鹏民宿附近的超市购买，也可自己出海抓一些海鲜来吃。

南澳

粤东海上明珠

微印象

@xw17 南澳海面上泊着各类渔船，站在海边，远望星星点点，美如图画。南澳港上面是一个广场，坐在广场的椅子上，一面晒太阳，一面看船只进出，很是惬意。

@摆渡航母 东冲西冲中比较喜欢西冲，那里的海是深圳最蓝的，深圳有句老话叫"西冲归来不看海"说的就是这个地方！

门票和开放时间

门票：免费，部分小景点和娱乐项目另收费。开放时间：全天。

最佳旅游时间

4、5月和9、10月是到南澳游玩的最佳时间，此时气候温和，阳光充沛，可以下海游泳。

进入景区交通

位置：深圳市龙岗区南澳镇。

公交：可乘坐E11、M321路公交到达。

景点星级

休闲★★★★★　美丽★★★★★　浪漫★★★★★　刺激★★★★　特色★★★★　人文★★★

天空和大海有共同的蔚蓝，海风缓缓吹来，带着深海的味道，迎面打在沙滩的礁石上。

南澳位于大鹏半岛的最南部，背靠七娘山，东临大亚湾，南接太平洋，西连大鹏湾，与香港平洲岛对峙，相距不过千米。半岛形如半边月，柔若少女；既得柔美山水之灵气，又享受海上耀阳正照。青山怀抱，比水相依，孕育了这美丽动人的南澳湾。

南澳居民多以捕鱼为生，每当夜幕降临，这里的海滨就会有渔歌唱晚的场景出现，逢年过节时还有各种渔灯会以及水上娶新娘等民俗可看。

1 东冲

东冲、西冲也称东涌海滩、西涌海滩，位于深圳大鹏半岛最南端，是相隔仅 10 千米的两个海港。两个海港偎依在七娘山下，烟雾缭绕，水清沙幼，被驴友称为深圳的天堂。

东冲沙滩长约 500 米，由于游客相对较少，保持了原生态沙滩景观，海沙细软，风景优美。东冲沙滩的两端都建有酒店和客栈。沙滩左边水域为未开发区域，不可进入游泳。右边是已经开发较成熟的度假村，有较完善的配套安全措施，可以入沙滩游玩和自助木屋烧烤，亦可以乘坐游艇出海。最近东冲还新增了婚纱摄影基地，吸引了不少游客前来这里自主取景拍摄婚纱照。

小贴士

东冲沙滩开放时间是 7:30~21:00，日出只可在沙滩外观看。

南澳示意图

② 西冲

相对于东冲，西冲的风景和海滨娱乐活动更受游人的欢迎。西冲共由八个自然村落组成，村前就是著名的西冲沙滩，海沙细白，海水清澈，是深圳人周末度假的好去处。

西冲除了绝佳的沿海风景，更有丰富多样的滨海玩乐项目可供选择，有游泳、快艇出海、登情人岛三门岛、沙滩烧烤、钓鱼、篝火晚会、放烟花、放孔明灯等。其中，值得推荐的是在西冲看海上日出，在沙滩上租帐篷体验海滨露营，在大海的波涛声中睡去和醒来，十分浪漫而刺激。

在西冲还有一项不可错过的项目就是海边烧烤了。沙滩四周建有很多烧烤场地，住宿的客栈里也会提供烧烤。你也可以选择和朋友们自带食材，然后交给这里专门做烧烤的餐厅进行加工，当然想要体会独特的海滨乐趣，租赁烧烤用具，自己进行自主烧烤是不二的选择。除了烧烤，西冲的饮食以潮州海鲜为主，特色菜品有窑鸡、西冲海胆和海鲜鱼。

西冲附近有不少海景绝佳的特色民俗可供选择。鹤薮村和新屋村都是比较不错的住宿地点。此外，还可以住沙滩小木屋，有的面海有的在树林里，野趣十足。

攻略

如何进入：西冲海滩共有4个收费口。其中1、2号入口在西边的西贡村口；3号在中部的鹤薮村；4号在最东边的新屋村。

自驾推荐：从3号鹤薮村进入，这附近有可以俯瞰西冲全景的西涌天文台，可在深圳天文台官网免费预约参观。如果喜欢海钓可以从4号收费口进入，左边的岩石下面有很多海螺、海胆、螃蟹，适合带小朋友来此玩耍。

参考价格：冷水冲凉5元/次，厕所1元/次，沙滩摩托艇200元，沙滩快艇50元，烤炉租赁80元，帐篷租赁80~100元/个（配有防潮垫和被子，最好是自带帐篷等露营设施）。

链接 **东西冲大穿越**

东西冲之间距离约10千米，是深圳本地驴友最钟爱的徒步线路之一，也是深度体验东西冲海湾风情最值得推荐的路线。

东冲往西冲难度体力消耗较大，适合专业驴友。如果时间有限，则推荐从西冲往东徒步，这一线路一半路程是山路，一半路程是海岸线，整个过程约需要4个小时，属于入门级，适合周末进行。一路走来能经历沙滩、岛屿、礁石、海蚀岩等多种海积海蚀地貌，挑战个人体力的同时，也是与纯天然的海滨生态亲密接触的大好机会，身体的疲累总能被极致的海景洗刷。

由于这一路线的路面情况多以岩石沙砾为主，因此对除此参加的人员有较高的体力要求，小朋友和老年人尽量不要参与。徒步中要带上充足的水、食物和药品以便中途补给，尽量穿上长衣长裤和登山鞋，防止擦伤等意外状况。夏天徒步更要带上防晒霜和墨镜，紫外线十分强烈，防止晒伤。

东西冲最佳的徒步线路：东冲—岸崖秃—贵仔角—穿鼻岩—西冲。

③ 桔钓沙

桔钓沙位于南澳街道，三面青山相拥，是深圳市最美的沙滩之一。沙滩很大，从地图上看，整个沙滩就像一弯新月似的镶嵌在碧海蓝天之间。沙滩长约1000米，宽大概有50米，沙质特别好，沙粒很细很白，当地人为此把这个沙滩称为"银滩"。

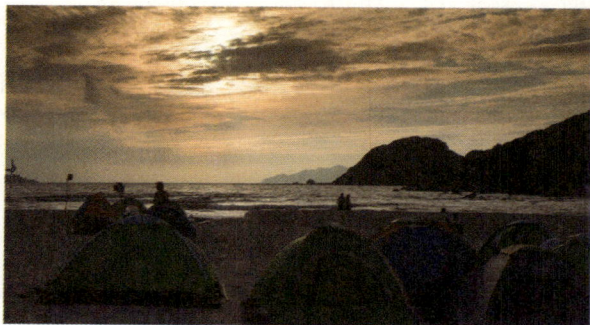

攻略

1. 桔钓沙是运动型海滨旅游区，可以享受帆板、滑板、潜水、摩托艇、自行车、野营、沙滩娱乐等活动。
2. 桔钓沙可以烧烤，烧烤的炭火炉含木炭一般50元/个，烧烤食品和饮料可以自带。
3. 从桔钓沙前行2—3千米就是杨梅坑渔村，在村内有许多快艇出租，可去三门岛、大甲岛等。

④ 七娘山

七娘山位于南澳镇新大村，是大鹏半岛南岛的主要山峰，海拔869米，是深圳市内山脉中仅次于梧桐山的第二高峰。

山中森林茂盛，保存着未经人为破坏的常绿阔叶林。由于七娘山雨量充沛，云雾易于形成，云峰在无边无际的云海中穿梭，景象瞬息万变。最为壮观的莫过于在东南风吹拂下，海面来的水汽爬坡而上，遇冷变身为云雾，翻过山脊后顺势飞泻，形成瀑布云奇观。即使是晴朗的天气，山上经常能看到云雾忽然从山腰汹涌而来，霎时天昏地暗，过不久却又消散殆尽。如此不断反复，群峰时隐时现，扑朔迷离，四周景色亦时而云里雾里，时而历历可数。

传统的登山路线为橘园出发正面上行：橘园上为宽阔的防火隔离带，沿带右上行至隔离带水平横向处，有左右两条小路（树枝上有红色布条标志）上山。一般选择右路，两路前行数百米即会合。直到山顶都是这条正规山路，偶有岔路也有路标指引。上山路程不长但陡峭，有三四处需手脚并用攀爬而上，要注意安全。山顶有巨石，上书"七娘山"。该线上山需时约两个半钟头。下山原路返回。其他线路可由南面铁扇关门水库沿山脊方向或北面杨梅坑上山，但不太适合初登山者。

攻略

七娘山附近还有山峰数座，以大雁顶（796米）最有名。七娘山顶——大雁顶是一条很好的拉练线路：一直沿山脊东行，过磨朗钩（791米）、黄豆田、正坑尾至大雁顶，约需5小时。大雁顶可东南向沿山脊经尖峰丫、羊公秃、牛湖坳、背夫坳下行至耕棚，再往东北可到深圳最东端——海柴角。

故事　七娘山传说

七娘山的迷人，除了因为峰峰相连，伟岸苍翠，也更因为它那众说纷呈的传说与故事。一说，七娘山，大鹏山也。传说有7位仙女云游于此，如鹏中踞海，观其美景，不愿重返天庭。玉帝闻知，急召雷神追击，她们却誓死不从，执意留在人间，天帝发怒，遂使其变成了7个山峰，得名七娘山。

另一种说法是，七娘山为"出粮山"，因为山上薯粮、木薯、芋头、山药等作物应有尽有，既大具丰。特别是大石岩（原旧大石理）一带，盛产山姜，以其辛辣，久负盛名。凡上山采撷粮食之人，定当满载而归，故名"出粮山"。

攻　略

住宿　驴友力荐的住宿地

桔钓沙可以露营，自带帐篷要收管理费30元/顶，租帐篷是50元/顶。此外，还有木房子旅馆可以留宿，双人间到多人间都有。

由于这里距离大鹏所城不远，也可以去所城的较场尾民宿去投宿。

美食　饕餮一族新发现

南澳四周海水包裹，海鲜尤为出名，在南澳街头的餐馆里，鲍鱼、海胆等海鲜都可以吃到。此地海鲜现捞现卖，所以非常新鲜，且厨师技艺高超，更能将海鲜美味烹制出来。

杨梅坑

深圳最美的溪谷

@LEOKIKI 杨梅坑游人不多，没有大小梅沙那么夸张。环境也还好，海边可以租自行车骑，也有很多农家院落，非常适合度假。

@D0ra_ 杨梅坑环境相当美，水蓝绿蓝绿的。隔壁有一大片石头地，若仔细看的话，没准还能逮住几只小螃蟹仔。

门票和开放时间

门票：免费。

开放时间：全天。

进入景区交通

位置：深圳市龙岗区大鹏街道大坑村麻角山大亚湾畔。

公交：乘坐m274路到南澳杨梅坑站。或者先到大鹏，转大鹏新区假日专线3路，在杨梅坑站下车即到。

景点星级

休闲★★★★★　美丽★★★★★　浪漫★★★★★　刺激★★★　特色★★★　人文★★

　　杨梅坑位于大亚湾，据称是深圳最美的溪谷。在南澳镇的西北面位于七娘山脉与老虎坐山之前，有一片长满了杨梅的山丘，山丘下面的村庄就叫作杨梅坑村。杨梅坑是由两条大坑汇合而成，一条是正尾坑，源头在大雁顶与三角山之间；另一条便是大坑湖，源头是七娘山。一路清潭连连，风景秀丽，两侧林木茂盛、鸟雀争鸣。

　　杨梅坑旅游有三宝：可乘游艇搏击海浪，可租渔船出海，可登山溯溪。饿了可享受农家鲜活海鲜，一饱口福。雅兴十足的话，还可以租辆单车，顺着沿海单车路，一路观海景，踏单车。尤其是对于小情侣们，脚踏双人单车，青山做伴、大海为邻，怎一个"浪漫"了得。

　　杨梅坑山海辉映，碧水接天，还是一个婚纱摄影的美丽天堂，众多婚纱摄影影楼及摄影二作室以杨梅坑作为一个主要的外景拍摄基地，受到广大青年新人的欢迎。到杨梅坑，你会经常看到一对对新人，身穿洁白的婚纱，背对蔚蓝的大海，留下美丽的瞬间，这本身，就是一处二好的风景画。

　　杨梅坑拓展训练基地位于杨梅坑的天然潭度假村，基地内的拓展训练项目有空中单杠、天使之手、跨越断桥、跳出真我、天梯、胜利墙、攀岩、信任背摔、梅花桩、飞跃急流、智力电网、真人 CS 等拓展训练项目。

攻略

　　1.在杨梅坑有非常多的单车租赁店，租车非常方便，有单人、双人、三人自行车。

　　2.杨梅坑的环岛公路走到尽头，可以看到一湾海滩，山上有一道溪流奔流而下，景色很美。站在海滩上凝望大海，心情可以变得异常宁静。

　　3.顺着杨梅坑的沿海公路一直走到尽头，转向山里，是大鹏半岛的最东端，叫鹿咀，是杨梅坑甚至是大鹏半岛的风景绝佳处。这里最高处212米，是整个南澳观海、听涛、看日出赏日落的最佳所在，一些摄影发烧友会在凌晨太阳升起海平面之前赶到这里，就为了观看和拍摄深圳最先出现的一线曙光。

　　4.在杨梅坑海岸边还分布着数处精美幽静的小沙滩，是垂钓、拾贝的好地方。

漫步海岸边，海是那么的辽阔、蔚蓝，停靠在近岸的船只将这里点缀得更加生动。

住宿 驴友力荐的住宿地

　　杨梅坑海边有大量的民房可以短时间租住，民房整洁干净，为了方便旅客，大多数的房间内设空调、彩电、独立卫生间，有四房一厅、两房一厅、三房一厅、单房预定、夫妻间、标准双人间，各栋民房配置不一样。

　　杨梅坑度假屋平日200元左右，周末会贵一些，标准配套，环境清幽。附近的酒店客房平日300元左右，周末会贵一些，出门就是海，客房独立洗手间、电视、空调，可以宽带上网。

　　推荐度假酒店有骑海海岛度假村（风景非常好，有露营烧烤海钓，还有爬山的地方，电话：15323835305）、邻·岚山海景民宿（景区内，房间很干净，电话：13410871970）、莫默海边客栈（海景房，但隔音效果不太好，电话：18923452080）、尤克里里酒店（团建的好去处，电话：0755-28228256）、Tree Inn榕树下客栈（老板人很好，离海边也近，电话：18025338979）。

美食 饕餮一族新发现

　　杨梅坑有很多吃海鲜的地方，鹿咀那里有渔民捕海鲜，可以现场选购拿回去让饭店加工，价格比较便宜。另外，这里的窑鸡非常有名，值得一尝。

大芬油画村
油画艺术产业地

ICIF 2008

大芬油画村分会场

The Dafen Oil Painting Village Branch

微印象

@嫣窝 一直很喜欢艺术类的东西，光是这个名字就足够吸引我了，虽然地方不是很大，但是艺术气息十足，油画以及其他一些小工艺品都很美。闲暇时间，跟朋友或者自己一个人独自在这里赏画，都是一种很好的放松方式。

@86似水流年86 全国最大的油画基地，喜欢这里的气氛，给人一种宁静和谐的感觉，想要创作的有志之士必来此地一游。

门票和开放时间

门票：免费。

开放时间：全天。

进入景区交通

位置：深圳市龙岗区布吉镇布吉村。

地铁：深圳市内所有地铁站都可以到大芬村，换乘地铁3号线至大芬地铁站，出站后再往沃尔玛方向步行500米左右就可以到达大芬油画村。

景点星级

浪漫★★★★★　休闲★★★★　特色★★★★　美丽★★★★　人文★★★　刺激★★

大芬村是布吉街道下辖的一个村民小组，占地面积 0.4 平方千米。1989 年，香港画商黄江来到大芬，租用民房招募学生和画工进行油画的创作、临摹、收集和批量转销，由此将油画这种特殊的产业带进了大芬村，随着越来越多的画家、画工进驻大芬村，"大芬油画"成了国内外知名的文化品牌。

走进大芬村，村口处是一尊艺术雕塑，一幅 5 层楼高的"自画像"油画成了大芬村办公室的外墙，"大芬油画村"这 5 个由时任中国美术家学会常务副主席刘大为亲笔书写的遒劲大字，被篆刻在村口的一个巨大木制画架上。村内各巷道和村内小广场铺着彩色仿古地砖、摆着仿古休闲凳、统一的淡蓝色外墙装饰，加之原有的欧陆风情建筑装饰，使大芬油画村变得更加色彩斑斓。

在大芬村众多的画师之中，有不少是各省市美术家协会的会员甚至副会长，有 30% 的画师毕业于正规的美术院校。随着越来越多的画师或画工纷纷在大芬村安营扎寨，在黄江之外，又出现了两家规模较大专门经营油画收购和外销的画商，而每个画商的周围都聚集了一批专门为其供货的画工，于是就形成了今天的"大芬油画村"。

大芬油画村共有以油画为主的各类经营门店近 800 家，居住在大芬村内的画家、画工 5000 多人。大芬油画村以原创油画及复制艺术品加工为主，附带有国画、书法、工艺、雕刻及画框、颜料等配套产业的经营，形成了以大芬村为中心，辐射闽、粤、湘、赣及港、澳地区的油画产业圈。

点赞

👍 anqilanzhu 村子里的房屋都很漂亮，各种颜色都有，街道也很干净，环境不错。很多卖油画的小店都售卖各种临摹油画，很漂亮。

👍 不亦乐乎2012 在文博会时就听说著名的大芬油画村了，果然名不虚传，各画廊所展售的画作各有风格，适合各阶层面的人，就算不懂得的人到那转一圈，也能感受到气氛。

攻略

1.大芬村不是很大，空间很有限，因此小巷子的墙上也挂满了油画，以供买家选择。村内的工作室非常多，服务态度也很好，不买画也可以随意参观，但是谢绝拍照。

2.大芬村几乎就是油画的天堂，几乎每栋房屋都有油画商铺，其中许多还是现场作画，可以参观一下。

3.大芬油画村的游乐设施还算齐全，如天皇卡拉ok、万将保龄球馆都是青年人喜欢的地方。而天虹广场、国惠康百货也都在开设了分店，购物特别方便。

大芬村内还建有一座大芬美术馆，占地面积1.1万平方米，建筑面积1.6万平方米，是目前深圳建筑面积最大的美术馆。美术馆为3层建筑，包括地下停车场、1层综合会议厅、学术报告厅、收藏室及2个大型油画展示厅，2层展廊及5个相对独立的展厅，3层有画家工作室、咖啡厅及屋顶小广场。

美术馆室内的空间概念总体上是外部建筑空间的延伸和内化，努力在每个细节中发掘和保持着作为"奇景"的存在。而在功能层面上，为了突出展品、淡化空间本身，设计师试图创造的则是一种简约但不简单的纯、静、禅的空间氛围。

攻　略

住宿　驴友力荐的住宿地

大芬油画村周边最著名的酒店主要有深圳世纪皇廷酒店、布吉东方半山国际酒店、深圳百合酒店、深圳锦航酒店、深圳华丽城贵宾楼等。

深圳世纪皇廷酒店：酒店按五星级标准兴建，由两栋楼高16层的大楼组成，拥有421间（套）设备完善的各类豪华商务客房，均采用欧式建筑风格。酒店同时还拥有多功能会议厅、中西餐厅、棋牌室、康体中心、豪华夜总会等一应俱全的配套设施。

位置：深圳市龙岗区布吉街道吉攻路。　电话：0755-33888888。

布吉东方半山国际酒店：酒店位于天虹商场附近，距离大芬油画村非常近。酒店共有各种类型客房388间套，还有品尚品西餐厅。

位置：深圳市龙岗区布吉街道办东西干道8号。　电话：0755-33289999。

美食　饕餮一族新发现

村内美食样式还是很多的，如面点王、野山菌、小肥羊等在市区可以品尝到的美食，在这里均可以吃到。

中丝园
感受中国丝绸文化

微印象

@东郭先生 中国丝绸文化产业创意园又简称中丝园，园区内有丝行、绸庄、锦苑三大场馆。绣阁是中国丝绸文化染、织、绣体验中心，这里陈列着中国四大名绣、三大名锦等高端工艺品。

@小情歌 风靡全球的4D视觉艺术与丝绸之路主题完美结合，打造出全国首个"丝绸之路4D奇幻馆"，成为继中丝园丝绸文化博览馆、中华旗袍馆之后，中丝园又一个不得不去的新玩点！

门票和开放时间

门票：成人票58元，包括丝绸文化博览馆、丝绸之路4D奇幻馆和中华旗袍馆。

开放时间：9:30—16:30，周一闭馆。

进入景区交通

位置：深圳市龙岗区南岭村社区南新路10号。

公交：乘坐b881路到中丝园站下车即可，或乘坐306路、376路、b665路、e32梧桐山假日专线2路等多路公交到南岭村站下车，步行前往。

景点星级

休闲★★★★★　美丽★★★★★　浪漫★★★　刺激★★★　特色★★★　人文★★

中国丝绸文化产业创意园（简称中丝园）位于深圳市龙岗区素有"中国第一村"之称的南岭村，是国家 3A 级旅游景区。中丝园以传承和弘扬丝绸文化为宗旨，集创意设计、科研创新、展示交易、旅游休闲、情景购物、青少年素质教育、互动体验等功能为一体，连续多年成为深圳文博会分会场。

中丝园区内有丝行、绸庄、锦苑三大场馆，丝行是体现丝绸文化的旅游工艺品、礼品、家纺、家饰等产品的交易平台；绸庄向世人展现传统丝绸文化与现代时尚结合的魅力，既有制作好的丝绸品牌服饰服装，更可选择喜欢的丝绸面料和风格，量身打造独特的东方神韵；锦苑的棉、麻、天然竹纤维产品，则致力为市民打造天然的家庭生活"氧吧"；绣阁更是诠释中国丝绸文化的精华所在，陈列着中国四大名绣、三大名锦等高端奢华工艺品。

中丝园将 4D 视觉艺术与丝绸之路主题完美结合，打造出全国首个"丝绸之路 4D 奇幻馆"。千变万化的视觉场景，是时尚科技的艺术盛宴。

❶ 中国丝绸文化博览馆

中国丝绸文化博览馆是全国第一家以"丝绸"为主题的国家级民营文化博览馆。中国丝绸文化博览馆展陈面积 5000 平方米，馆内由丝绸文化、工艺、产品、艺术四大主题展厅以及刺绣文化艺术展厅构成。馆内藏品荟萃，有众多国家级工艺美术大师的代表作、三大名锦、四大名绣及各少数民族的精美代表作。此外，拥有丰富的"染、织、绣、编"等传统手工艺技术，可谓一部完整、浓缩的丝绸发展史；展出的非遗产品之多，品种之全，堪称"中国丝绸非遗博览第一馆"。

❷ 丝绸之路4D奇幻艺术馆

跟随驼队穿越茫茫的戈壁滩、与少年派一起来一场鲁滨孙奇幻漂流记、沿着马蹄的印记去寻找茶马古道上的神秘马帮、与蚕宝宝小精灵们 Party……千变万化的视觉效果，琳琅满目的艺术场景，无论你是普通青年还是"高富帅"，无论你是单身贵族还是亲友、全家总动员，都会在这里找到新奇的娱乐方法。想要耍帅，想要臭美，想摆酷，相扮萌，来吧！这里有沙漠丝绸之路、海上丝绸之路、南方丝绸之路、蚕宝宝等 4D 奇幻场景等你来炫！

❸ 中华旗袍馆

中华旗袍馆由国内知名旗袍专家及顶尖团队精心策划，历时 1 年筹备建设完成，展馆面积约 1400 平方米。本着"传承弘扬中华旗袍文化"的宗旨，全面介绍中华旗袍的历史演变与发展。整个展馆积聚各主要流派及国内外设计大师的经典旗袍作品，集藏品陈列、品牌展示、情景购物、私人定制、艺术沙龙、文化讲座等多项功能于一体，是深圳首个最具规模、流派最全、品质最高的旗袍文化体验平台。

4 丝绸生活馆

丝绸，其文化在于她的历史和面料的天然、健康和环保。几千年来，丝绸文明与华夏文明一脉相承，如今，随着绿色消费的潮流顺势而归。

丝绸生活馆作为全国首家全新丝绸生活概念体验馆，以"丝绸"为主题，汇聚高端丝绸品牌，提供丝绸产品的一站式体验服务，并创造、引领一种关乎丝绸的"绿色环保、舒适健康"的生活方式，以提高人们的生活品质。

5 科普活动

通过对丝绸文化知识的学习和对丝绸手工艺流程的体验，引导青少年从小树立珍爱世间生命、尊重生命、绿色环保、独立自主的优良品德。

活动名称	时　间	活动内容
科普展馆介绍	60分钟	参观中国丝绸博览馆、丝绸之路4D奇幻艺术馆、中华旗袍馆、丝绸生活馆（专人讲解）
丝绸手绘/扎染	40—60分钟	丝绸手绘/扎染知识、制作工艺介绍及体验制作
刺绣培训及体验	40分钟	现场亲手体验刺绣勾稿、配线、穿针等工艺流程
蚕宝宝爱心领养	15分钟	了解蚕宝宝喂养过程，宣讲蚕桑科普知识，丝绸相关书籍介绍

攻　略

1.中国丝绸文化博览馆内以图文、实物加场景的模式，结合声、光、电等现代科技元素，让你可以身临其境的解读丝绸文化。

2.中华旗袍馆内分为旗袍文化长廊、旗袍文化历史展示区、老上海场景、十大旗袍品牌展示区、婚庆旗袍区、面料展示区、高级订制区，喜欢旗袍或者对旗袍感兴趣的朋友一定不能错过这里的旗袍盛宴。

3.丝绸生活馆内分为服装服饰区、家纺家饰区、文化礼品区、蚕桑衍生品区、手工艺礼品区、生活情景展示区，在这里人们可以近距离拥抱丝绸、体验丝绸。

园山风景区

深圳都市的后花园

微印象

@风雅颂 景区植被基本保留原生态，依山而建所以环境非常好，非常有气势。有鱼塘、有庙宇、有果蔬园，附近的餐馆味道非常不错，全国各地的口味在这就都可以找到。

@彼岸花开 园山山道主要以自然石板铺垫，中间有一段路为原生态石块，山道几乎被丛林覆盖，夏日炎炎，这里虫鸣鸟叫，溪流潺潺，穿行其间，令浮躁的心都能平静下来。

门票和开放时间

门票：35元，园内项目另收费。

开放时间：6:30—17:30，17:00之后禁止上山。

进入景区交通

位置：深圳市龙岗区横岗东南部的惠盐公路东侧。

地铁：乘坐地铁3号线，在横岗站A出口（横岗大厦）转乘坐907路公交即可到达。

景点星级

浪漫★★★★★　休闲★★★★★　特色★★★★　美丽★★★　人文★★★　刺激★★

园山风景区属梧桐山脉，区内山峦起伏，溪谷幽深，此地远离闹市喧嚣，是一处天然氧吧。园山风景区内山峦起伏，沟谷蜿蜒，植被基本保留自然生态，以"园山探幽"被评为龙岗八景之一。景区内海拔599米的园山主峰，与鹅公髻两峰之间夹有大康溪谷和老虎沟两条山谷，这里常年山水顺溪而下，每当山风袭来，林涛滚滚，如虎啸龙吟。

景区内还配备有硕果诱人的果园、惊险刺激的卡丁车、尽享休闲时光的烧烤区、豪华度假酒店等设施，有着"都市人的后花园"之称。这里风景娱乐、休闲美食住宿多位一体，是节假日悠闲的好去处。

漫步在园山风景区内，大康溪谷的树木葱茏、流水潺潺，老虎沟的飞瀑流泉、密林深谷都一一让人沉醉。登上最高点鹅公髻，美景尽收眼底。除了自然美景，这里的玩乐项目也颇为丰富，烧烤场坐落在绿荫浓浓的枇杷林，在这里可与家人、朋友一起享受野餐的愉悦时光。百果园内四季硕果累累，除了品尝鲜美的水果，也可以体验采摘的乐趣。在农家特色的草舍或者建在水上的小木屋，品尝新鲜美味的生态农家菜，悠闲之感不言而喻。还有卡丁赛车乐园，是小孩子们最喜欢的景点。

1 大康溪谷

溪谷内溪水长年不断，最佳溯溪期为雨后天晴一两周内，是深圳最佳的溯溪地。溪谷两侧山峰突兀嵯峨，植株茂密。溪中全以石为底，奇石叠嶂，怪石嶙峋。溪流迂回曲折，流水潺潺，常有山雀鸣转。溪水清澈见底，捧把清泉洗把脸，顿时神清气爽。山谷中有瀑布，只见清泉直冲而下汇成一潭碧玉，犹如天井。四周枝叶繁盛，漏下星星点点的阳光，折射的光照映着水雾，乍现段段彩虹。大自然的鬼斧神工，成就了大康溪谷的醉人景色，是谓"酒不醉人人自醉，景色迷人人自迷"。

2 老虎沟

老虎沟内林深叶茂，溪谷悠长，九曲回肠。每当山风来袭，林涛滚滚，如虎哮龙吟；每当大雨降临，溪水顺势飞腾而下，轰鸣不息，如万马奔腾。在艳阳高照天，涉溪而上便可饱览飞瀑流泉、密林深谷。沿溪漫步，耳边不时传来鸟鸣声，溪水声，别有一番情趣。

解说

据历史记载，梧桐山、园山、三洲田，地势险要，山高林密，是古时抗倭英雄和抗战时东纵游击队的抗敌藏身之地。明庆五年间，倭寇集结大队人马袭击横岗，烧、杀、抢、掠。抗敌英雄因寡不敌众，只得退避山中，寇贼全力追赶至山脚，忽狂风大作、电闪雷鸣、暴雨倾盆而下，更有一猛虎从林中跳将出来，龇牙咧嘴，怒目圆睁。山洪怒吼，林涛翻滚，山谷里似有一群猛虎在狂哮着，寇贼吓得败退而去。园山"老虎沟"便因此得名。